Westernreiten zwischen Witz & Wissenschaft

Meinem Sohn Janik gewidmet, der mich tatkräftig bei allen meinen Büchern unterstützt: durch Mut machen, Lektorieren und konstruktive Kritik.

Nicola Steiner

Westernreiten zwischen Witz & Wissenschaft

Artikel für Pferdeportale & Best-of-Turnierblog
12-Oaks-Sammelband Nr. 2

Bibliografische Information der Deutschen Nationalbibliothek:
Die Deutsche Nationalbibliothek verzeichnet diese Publikation in der
Deutschen Nationalbibliografie; detaillierte bibliografische Daten sind
im Internet über http://dnb.dnb.de abrufbar.

© 2017 Nicola Steiner

Fotos auf S. 16, 18, 21, 35, 37, 40, 49, 78, Titelfoto: Katharina Erfling
Fotos auf S. 63, 79, 80: Stephanie Wittenburg
Fotos auf S. 8, 9, 12: Elias Ernst
sonstige Fotos: Nicola, Janik & Larissa Steiner

Herstellung und Verlag: BoD – Books on Demand, Norderstedt

ISBN: 978-3-7431-9520-2

Inhaltsverzeichnis Seite

Zum Geleit 6

1. TEIL: Glossen & Witziges 7

- Reining meets Natural Horsemanship (NHS) 7
- Westernbasics im Gelände 17

2. TEIL: Best-of-Turnierblog 21

- Dank Trailkurs Sinn & Zweck von Frühschoppen verstanden 21
- Queenie Houdini will frei sein 28
- Von den Socken auf Q 16 – wildes Rind & wilder Trail 31
- Was Reining-Reiten mit dem NHS gemeinsam hat 34

3. TEIL: Wissenschaft & Journalismus 38

- Interview mit Michael Grewe 38
- Wohin gehört der Pferdekopf und wohin nicht? 43
- Jungpferdeausbildung – wann Einreiten? 56
- Die Suche nach guten Trainern für Pferd und Mensch 64
- Presseberichte über meine Tochter 73

MEHR BÜCHER VON NICOLA STEINER 77

ANHANG & Verzeichnis der Quellen / Literatur 81

ZUM GELEIT:

Die 12-Oaks-Sammelbänder „Best-of-Blog & Fachartikel"

Die hier abgedruckten Artikel der Autorin für die Pferdeportale 4my.horse, hufgefluester.eu und artgerecht-pferd.de sollten ursprünglich in ihr Lehrbuch „*Westernreiten meets Natural Horsemanship*" integriert werden.

Da dieses aufwändige Lehrbuch aufgrund der Anleitungsfotoserien (*sowie die Links zu über einem Dutzend Lehrvideos*) über 200 Seiten hat, erwies es sich als sinnvoller, diese Artikel auf zwei kleine handliche und kostengünstige Sammelbänder aufzuteilen.

Der erste Band betrifft das Natural Horsemanship: Nicht nur Fachartikel, sondern auch der Florida-Blog der Autorin. Ihre Tochter wurde von über Tausend Bewerbern für einen kostenlosen Platz in einem so genannten Level-4-beyond-Kurs bei Pat Parelli persönlich ausgesucht. Mutter und Tochter haben nicht nur viel gelernt, sondern auch einiges erlebt bei den 12-Oaks-Adventure-Tours durch den Sunshine-State im Regen. Der Titel ist „Inspirationen aus dem Parelli-Land."

Im diesem Sammelband Nr. 2 werden die Artikel veröffentlicht, in denen es nicht ums Natural Horsemanship geht. Außerdem gibt es einen Best-of-Turnierblog mit Witzigem und Spritzigem, z.B. wie Jungpferd Queenie bei ihrem ersten Kurs eine Reitanlage mehr oder weniger in Schutt und Asche legt. Auf S. 77 finden Sie auch die bereits veröffentlichten Bücher der Autorin. Nicht nur Pferdebücher, sondern auch eine sozialkritische Satire, die sich liest wie ein Krimi. Geplant sind weitere Sammelbände zu den 12-Oaks-Blog-Themenmonaten.

Die Autorin bittet um Verständnis dafür, dass das Format der einzelnen Artikel und Blogbeiträge weitgehend beibehalten wurde, so dass das Format des vorliegenden Buches nicht zu 100 Prozent einheitlich ist. In den Fußnoten finden Sie gelegentlich Videos der Autorin – passend zum jeweiligen Thema.

1. TEIL: GLOSSEN & WITZIGES

Reining meets Natural Horsemanship - mein ganz persönlicher Erfahrungsbericht

Was tut man nicht alles für sein Kind? Tochter Larissa will Reining reiten und Pony scheint auch nicht abgeneigt, herjemine. Sollen wir wirklich zu einem richtigen Reining-Trainer fahren? Ich war vor drei Jahren ziemlich hin- und her gerissen. Nicht, dass ich selbst irgendetwas Schlimmes erlebt hätte – es ist nur, na ja, eben all das, was man so hört und liest: In der Facebook-Gerüchteküche brodelt es ja manchmal ganz gewaltig. Ich bin ja von ganzem Herzen Natural Horsemanship-Fanatikerin: Freundschaft und Beziehung zum Pferd steht ganz oben und das Pferd soll eben auch Spaß haben an der Arbeit (vorausgesetzt der Respekt stimmt). Was aber sagt Facebook über Reining-Trainer? Die Pferde werden als Sportgeräte missbraucht, fristen ausgebunden ein Dasein in dunklen Boxen und haben die berühmt-berüchtigten toten Augen. Da es bessere Informationsquellen als Facebook gibt, haben wir uns probeweise auf den Weg gemacht und erlebten quasi unser blaues Wunder. Hier mein Erfahrungsbericht im Reportage-Stil: Nach einer Dreiviertelstunde endete die Fahrt vor einem Schild auf dem „**Ernst Performance Horses**" drauf stand. Wäre das Schild nicht gewesen, hätten wir wohl auch nicht hingefunden, denn es ging mitten in den Wald hinein. Als der sich lichtete, eröffnete sich der Blick auf unendliche Weiden auf denen Stuten friedlich grasten und sich Fohlen tummelten.

Unser neuer Trainer ritt schon auf dem riesigen Reitplatz und wir standen erst mal etwas schüchtern am Rand, wurden aber alsbald herzlich begrüßt. Auch wenn ich mir beim besten Willen nicht vorstellen kann, dass man sportliche Höchstleistungen erzwingen kann – ein wenig beäugt habe ich unseren neuen Trainer ja schon. Der uns aber nicht und fragte nett, was wir denn machen wollen. Obwohl er Reining-Trainer ist, hatte er kein Problem damit, dass meine Tochter für die Western Riding üben wollte. Hut ab vor seiner Bescheidenheit: Er sagte, dass Westernriding nicht sein Spezialgebiet sei, aber ein kleines bisschen könne er bestimmt helfen. Unser Pony Lucky hatte nämlich auf einem Turnier im Vorjahr beim Wechsel ausgetreten und manchmal sprang Lucky nicht „durch". Wer jetzt erwartet zu hören, dass da ein ordentlicher Klaps hilft, der irrt. Unser neuer Trainer Elias sah sich das Galoppwechsel-Drama fünf Minuten an und sagte: *„Ich weiß, woran es liegt."* Die Lösung war so einfach wie genial: Larissa musste das Pferd im Kopf einfach gerade halten und dann klappt das auch mit dem Nachbarn .. äh .. dem Wechsel. Dann war ich an der Reihe und aufgrund meines Sprachfehlers nicht „Nein" sagen zu können, antwor-

tete ich auf die Frage: *„Und Du? Willst du auch wechseln?"* mit *„Ja"*. Das war schneller rausgerutscht als gedacht und trieb mir nun den Angstschweiß auf die Stirn: Beim fliegenden Wechsel wird unser Painthorse Fancy immer ganz schön schnell. Als es erwartungsgemäß nicht auf Anhieb klappte und ich in gewohnter Manier meine Tochter Larissa aufs Pferd setzen wollte, intervenierte Elias: *„Dann lernst DU das ja nicht."* Gesagt, geschwitzt: Am Ende hat es doch geklappt. Was mich endgültig aus den Schuhen gehauen hat, war dass Elias gesehen hat, dass Fancy hochsensibel ist und mir dann sagte: *„Bei der müssen wir etwas anders vorgehen – und zwar mit wenig Druck und viel Ruhe."*

Meine Tochter Larissa ist ja die kritischste Traineraussucherin, die man sich nur vorstellen kann.

Bei fast jedem von den Dutzenden, die wir in den letzten Jahren aufgesucht haben, hatte sie was zu mäkeln. Nur unser vorheriger Trainer Marko fand Gnade in ihren Augen. Als der verstorben ist (R.I.P.), habe ich neben der Trauer auch nach einigen Tagen gedacht: *„Jetzt geht die Suche wieder von vorne los, wo keiner in Larissas Augen gut genug ist"*, und erwartete somit auf der Rückfahrt einen Vortrag darüber, was ihr nicht gefiel. Weit gefehlt, denn sie sagte: *„Hier fahren wir aber noch mal hin."* Kluge Entscheidung, denn nach wenigen Wochen präsentierte unser kleiner Ponywallach Lucky einen Spin, als wäre er ein Großer. Im Winter hat Elias' Bruder Emanuel sogar einmal mitten aus dem Galopp angehalten und übers Pony gesagt: *„Boah, der kann ja drehen!"* Jahrelang hatten wir am Spin rumgedoktort und der war immer nur lahm und unspektakulär. Dabei war es noch nicht einmal eine Frage, ob oder wie viel Druck man ausübt, sondern vielmehr ein „Gewusst-Wie" – wobei man ganz ohne Druck natürlich auch nicht auskommt. Irgendwie muss man dem Pferd ja mitteilen, ob es einen guten Job macht oder es sich mehr anstrengen soll. Diese Form der Korrektur ist sehr verwandt mit dem, was wir im Natural Horsemanship machen: Man arbeitet mit Komfort und Diskomfort. Für gute Arbeit gibt es eine Pause, ein mäßiger Job führt zu mehr Arbeit. Als Elias mir als Horsemanship-Trainerin dann auch noch erklärte, dass man den Druck in Phasen aufbauen sollte, fiel mir das Lächeln aus dem Gesicht. Zwar arbeite ich als Horsemanshiplerin ja auch mit Phasen, aber von einem Reining-Trainer hätte ich diesen Rat so gar nicht erwartet – auch nicht, dass er oft zu mir sagt, dass ich meine Hilfen noch netter geben soll, isbd. in der ersten Phase, wenn ich meinem Pferd also eine Frage stelle. Wenn sie sich aufs Bein nicht lenken ließ und ich mit dem Bein geklopft habe, um meinen Hilfen mehr Nachdruck zu verleihen, wurde das genauso gerügt wie ein versehentliches Rucken am Zügel. Im ersten Fall soll ich einfach den Sporen mit passiver Beharrlichkeit am Pferdebauch lassen und nur etwas stärker drücken, im zweiten Fall die Zügel allmählich anheben – auf keinen Fall ruckartig und bloß nicht die Hand zum Lenken zur Seite nehmen beim Einhändig-Reiten, sonst verwirft sich mein Pferd. Völlig entgleisende Gesichtszüge hatte ich spätestens als wir das erste Mal mit unserer Jungstute dort aufkreuzten – voll motiviert natürlich.

Und was sagt Elias zu unser aller Überraschung?

„Heute würde ich sie nur gucken lassen und gar nicht trainieren, sonst verliert sie den Spaß an der Arbeit." Als wir die „Kleine" das nächste Mal mit dabei hatten (noch motivierter natürlich), fragte Elias wieder, was wir machen wollen, wobei ich (dieses Mal) wie aus der Pistole geschossen sagte: *„Fliegende Galoppwechsel"*, worauf Elias erst mal schmunzelte: *„Galoppwechsel ist das schwerste Manöver und daher das Letzte, was sie lernen sollte."* Wer hätte das gedacht? Los ging es also mit dem Spin und unser Halb-Cutting-Jungpferd hatte auch nichts gegen Spins einzuwenden, aber bitte laaaaangsam. Wie wir es auch bei unseren Ponys schon erlebt hatten: Es kommt irgendwann der Zeitpunkt, an dem das Pferd auch einmal rigoros „Nein" sagt. Das Eine verweigerte den Trab, das Andere den Galopp und Fancy war von der Gangart Schritt erst mal überhaupt nicht zu überzeugen. Bei Queenie war es der Spin bzw. der schnelle Spin, bei dem sie uns eine klare Absage erteilte – noch kritischer stand sie der Volte vor dem Spin gegenüber, denn da wurde sie ja versammelt. Viel zu anstrengend, fand sie. Als bekennende **Left-Brain-Introvert-Stute** nach Parelli (*siehe Bericht im 12 Oaks-Sammelband 1 zu den Pferdepersönlichkeitstypen*) blieb sie einfach stehen und wenn man dann Bewegung von ihr verlangte, bockte oder stieg sie zwischenzeitlich sogar. Für mich ein kla-

rer Fall von: Hier sollte ich den Druck symbolisch verdoppeln. Elias hatte aber eine viel pfiffigere Idee: „*Wir sollten es erst einmal über den Rollback versuchen, weil der fürs Pferd mehr Sinn macht*". Mir klingelte es schon wieder in den Ohren – das ist nämlich mein Spruch: Dass eine Übung einen Zweck haben soll, ist doch auch schon wieder aus dem Natural Horsemanship. Ich hätte niemals erwartet, dass es zwischen zwei Systemen, die auf den ersten Blick so unterschiedlich wirken so viele Parallelen gibt. In beiden wird das Pferd zwar nicht mit rosa Wattebällchen beworfen und gelegentlich darauf bestanden, dass ein Pferd eine Übung nicht nur irgendwie macht, sondern dass es sich auch Mühe dabei gibt – aber wenn man das „Immer-der-Reihe-nach" beherzigt, kann man recht sicher sein, das Pferd nicht zu überfordern. Es wird viel positiv verstärkt, manchmal negativ verstärkt, aber eben nie bestraft.

Facebook beklagt ja auch die in ihren Boxen ausgebundenen Pferde mit den toten Augen – gefunden habe ich sie nicht. Im Gegenteil: Als unser Pony einmal in der Stallgasse beschlagen wurde, stand ein Pferd in der Box, das mit seinen Zähnen ständig den Strick aufknotete und sich dabei köstlich zu amüsieren schien. Auch die Berittpferde von Elias wirkten sehr aufgeweckt auf mich, bissen ihm z.B. in den Steigbügel, wenn er uns etwas erklärte: Genau wie unsere Pferde eigentlich, die ja auch immer gerne unsere Mützen und Handschuhe stehlen. Dieser

Artikel wurde ja ursprünglich für *artgerecht-Pferd* geschrieben und natürlich fängt „Artgerecht" erst einmal bei der Haltung an. In einem Reiningstall gibt es aber in der Tat Pferde, die für die Zeit ihres Aufenthaltes in Boxen stehen. Aber Berittpferde in bestehende Pferdegruppen zu integrieren, dürfte nicht nur gefährlich, sondern auch ein Ding der Unmöglichkeit sein. Immerhin kommen die ja auch irgendwann nach Hause, wo die Besitzer für die artgerechte Haltung verantwortlich sind. Was mir jedoch sehr positiv ins Auge gefallen ist, war, dass selbst im tiefsten Winter die eigenen Pferde tagsüber auf Weiden und Paddocks gestellt wurden – bei jedem Wetter.

Mein Steckenpferd ist natürlich ganz und gar das Thema Pferdeausbildung mit dem Schwerpunkt: *„Wie bringt man ein Pferd dazu, dass es diese anspruchsvollen Manöver nicht nur macht, sondern dies auch gerne tut?"* Und wieder war ich erstaunt, dass Elias mir einmal erzählte, dass auch er hier die größte Herausforderung sieht: Beim Thema Motivation. Er sagte mir einmal:

„Bei manchen Pferden wäre man froh, wenn man den Schlüssel zu ihnen finden würde."

Allein, dass er sich darüber Gedanken macht, hat mir sehr imponiert. Natürlich gibt es in jeder Pferd-Mensch-Beziehung auch einmal Phasen, wo es nicht leicht ist. Auch meine Tochter Larissa hatte irgendwann ein, zwei Wochen, wo sie einfach nicht mit dem Pony einig wurde. Wer jetzt denkt, dass das Pony Spins, Slidings Stopps oder Rollbacks verweigert hätte, liegt aber falsch: Das Pony nahm beim Angaloppieren immer den Kopf hoch und drängelte nach außen. Selbst eine Physiotherapeutin hatte ihm schon einen viel zu stark ausgeprägten Kopf-Arm-Muskel diagnostiziert. Dem Pony war seine Gesundheit aber egal: Er wollte drängeln und den Kopf hochnehmen und leistete Widerstand – aber richtig. Hier empfahl Elias dann auch das, was Pat Parelli „passive Beharrlichkeit" nennt: Dranbleiben, bis es klappt. Das hat es am Ende – bei jedem kleinsten Versuch in die richtige Richtung haben wir das Training zuhause beendet und nach zwei Wochen war das Angaloppieren schon viel weicher geworden. Elias sagte uns, dass bei fast jedem Pferd eine solche Phase kommt, was wir sehr tröstlich fanden. Aber wenn es irgend ging, so versucht man auch hier, dem Pferd das Lernen möglichst leicht zu machen ... und auch uns Menschen.

Trailübungen vom Reining-Trainer

So habe ich bei unserem Reining-Trainer sogar auch Trail-Unterricht genommen und auch mal den Hund mitgebracht, um mich fürs Horse & Dog Trail Championat vorzubereiten, bei dem Painthorse Fancy leider die Nerven verloren hatte. Sehr sympathisch fand ich, dass Elias schon im Internet nachgeschaut hatte und wusste, dass wir aufgeben mussten, bevor ich es ihm erzählen konnte. Auch Larissas Scores hatte er immer ziemlich gut im Kopf – wow. Egal, was er mit uns übt: Er konnte es jederzeit mit dem Pferd vormachen, das er gerade unter dem Sattel hatte: Ob das Anhalten übers Bein oder das weiche seitliche Weichen im Galopp – also alles außer Galoppstangen, die kennt so ein Reining-Pferd dann doch nicht, weil die bei Jungpferdeprüfungen nicht vorkommen.

Wenn wir im Winter im Reining-Stall waren, gab es meist Training mit Stangen, was dazu führte, dass alle Anwesenden auch ihr Unwesen mit selbigen trieben. Eine dort Angestellte nutzte somit ein herumliegendes Stangen-Hindernis um dies ihrem Pferd zu zeigen, das aber unmissverständlich sagte:

„Ich bin ein Reining-Pferd, komm mir nicht mit Stangen."

Da meine Kinder ritten und ich auf der Bank saß, unterdrückte ich den Impuls, der Mitarbeiterin einen von den sieben Spielen nach Parelli zu erzählen und wie man sie bei Hindernissen nutzen kann. Gerade noch rechtzeitig auf die Zunge gebissen, denn Elias' Bruder Emanuel sagte genau das, was ich auch sagen wollte:

„Fang erst mal hinten in der Ecke mit nur einer Stange an – da habt ihr mehr Ruhe."

Aber das alles ist natürlich noch kein Grund, einen Stall auch anderen weiterzuempfehlen. Dafür gibt es viel bedeutendere Gründe und die kommen bekanntlich am Schluss. Erstens: Immer, wenn wir vom Training nach Hause kommen, schmunzel' ich noch beim Schlafengehen über die zahllosen Witze, die wir alle uns während des Trainings nicht verkneifen können. Aber gelacht haben wir auch schon bei anderen Trainern. Der entscheidende Grund, warum ich **„Ernst Performance Horses"** weiterempfehle, ist: Es gibt dort Kaffee. Und nicht nur, dass es Kaffee gibt. Weit gefehlt: Der Kaffee wird mir meist auch noch höchstpersönlich vom Trainer himself gebracht – immer dann, wenn meine Kinder reiten und ich auf der (Reserve-) Bank sitze. Wenn der Trainer es jetzt noch schaffen würde, meine Tochter davon abzuhalten, mir die Hälfte des Kaffees zu stehlen ...... Na ja, versöhnt hat mich, dass wir letztes Jahr T-Shirts mit dem Aufdruck „**Ernst-Performance-Horses**" geschenkt bekommen haben – volle Tassen Kaffee werden halt völlig überbewertet.

Video: **Stoptraining vor der GO** - *https://youtu.be/ETGh-7cYT48*

Meine Tochter Larissa mit Jungpferd Queenie, die sie im Teil „Best-of-Turnierblog" näher kennenlernen, denn die hat es faustdick hinter den Ohren und zerlegt auch gelegentlich anderer Leute Paddocks (zu lesen ab S. 23).

WENN DER REITPLATZ NUR NOCH MATSCH IST
Westernbasics im Gelände...

Ich hatte mal eine Trainerin, die sogar für die Westernriding im Gelände geübt hat – WOW. So gut, bin ich aber leider nicht: Habe noch keinen einzigen fliegenden Galoppwechsel mitten auf dem Waldweg zelebriert. Davon abgesehen, dass ich (wenn im November der Platz zum Matschloch wird,) auch erst mal denke: Zeit, dass die Pferde mal ausspannen und **Gelände soll ja Spaß machen**. Ein Blick auf den Kalender zeigt dann aber zum **Winterende** hin, dass es gar nicht mehr so lange hin ist zum ersten Turnier der Saison und was stellt man fest nach drei Monaten Bummeln? Das Pferd wird langsam steif – Platzarbeit fällt aus wegen Matsche, also ist Fantasie gefragt.

An Ausrüstungsgegenstände gewöhnen

Ich reite ja schon seit einiger Zeit im Gelände mit Bit, denn in der LK 2 darf man nicht mehr beidhändig reiten. Ich bin unser Painthorse Fancy in einer Parelli-Audition in allen Gangarten ohne Kopfstück geritten und habe sie auch **ohne Kopfstück fliegend gewechselt**, auch das Correction Bit akzeptiert sie einhändig sehr gut. Aber wenn ich das Bit einmal kurzfristig mit zwei Händen benutzt habe, hat Fancy sich erst mal etwas verspannt. Seit wir es im Gelände nutzen, ist die Akzeptanz viel größer und es fühlt sich nun an, als wäre es ein Snaffle (für die Englischreiter: Englisches Wort für Trensengebiss). *Gewöhnung an neue Ausrüstungsgegenstände* ist also das Erste, was gerade im Gelände fantastisch funktioniert.

Zügellos im Gelände

Nächster Punkt: „**Wie gut komme ich ohne Zügel aus?**" Bei Frost über die Wiese galoppieren (unbedingt die Erlaubnis des Besitzers einholen oder drumherum reiten) führt bei Fancy gerne zu „Ich-bin-ein-Rennpferd-yeehaw"-Effekten (sie nimmt es sehr genau damit, dass sie einen Vollbluthengst als Urahnen hat und bildet sich etwas drauf ein). Aber bei allem Verständnis: Fancy ist ein Trail-Pferd, meistens sogar ein Horse & Dog Trail-Pferd und da galoppiert man gesetzt und zwar ohne viel Zügeleinsatz – finde ich jedenfalls, sie nicht. Also üben wir seit einigen Tagen auch im Gelände, dass Fancy **aufs Bein-Andrücken langsamer wird oder sogar anhält**. Da Bein-Andrücken auch bedeutet, dass sie den Kopf senkt und ich im Gelände normalerweise keine Sporen anhabe, gab es ein bisschen Kuddelmuddel: Wenn ich Kopfrunter wollte, schmiss Fancy den Anker und wenn sie langsamer werden sollte, schlurfte die Pferdenase in Bodennähe. Also habe ich heute zur Verfeinerung ausnahmsweise Sporen im Wald angezogen und gedacht: *„Wenn mich jetzt einer sieht, der hält mich für bescheuert: Mit Sporen und Bit ins Gelände – wie sieht das denn aus?"* Aber ich hatte Glück und sah mich allein in Feld und Flur, dafür klappte die Feinabstimmung jetzt besser mit folgenden Nuancen: Bein weich anlegen – bitte Kopf senken. Bein stärker anlegen zum Verlangsamen und Sporen anlegen um anzuhalten. Da ich die Taschen voller Leckerlis hatte, ging das sogar ziemlich gut. So gut, dass schnell wieder Langeweile aufkam – also noch mal tief in die Trickkiste greifen und Übergänge rausziehen.

Übergänge auf Waldwegen üben
Die klappen auf Waldwegen auch ganz fantastisch: 10 Trabschritte, 10 Schrittschritte (Vorsicht: Wortschöpfung), dann runter auf 9 und dann 8 usw. und jetzt schauen wir uns mal den Galopp an. Da kein Frost war und ich meinen Heulieferanten nicht verärgern wollte, haben wir auch das auf den Waldwegen hinbekommen. Speed Control ohne Zirkel: Zwanzig Meter schneller Galopp, zwanzig Meter gesetzter Galopp und als das Ganze auf Bein klappte, gab es wieder Leckerlis vom Sattel aus.

Die Leckerlitasche ist mit dabei
Fancy war Feuer und Flamme, als wollte sie sagen: „Und was machen wir jetzt?" **Denn Leckerlis im Gelände waren bisher die große Ausnahme.** Wenn ich auf den Weiden meines Heulieferanten Schritt reite, habe ich sein Einverständnis für kleine Kringel. Die kann man sehr fantasievoll und vor allem zum Steifheitsabbau nutzen. In der ersten Volte schiebe ich den Popo nach innen, in der zweiten nach außen und dann geht es in die Kontervolte – in beide Richtungen und auf geht's zur nächsten Übung: Seitwärtsverschieben! Gut, dass ich die Sporen an hatte, sonst wäre ich wohl gewaltig ins Schwitzen geraten. Denn das sah Fancy erst mal gar nicht ein – wo soll denn mitten auf dem freien Feld eine Diagonale von Buchstabe M zu Buchstabe K sein? Das Weichen aufs Bein ist wohl über den Winter irgendwo verloren gegangen, aber mit Geduld und Spucke ging es dann doch irgendwann.

„Fein" gesagt, Pferd schmeißt mal wieder den Anker nach hinten und den Kopf zur Seite, als wolle es sagen: *„Krieg ich jetzt ein Leckerli?"* Da meine Taschen leicht überquollen, dachte ich: *„Was soll der Geiz?"* und stopfte rein ins Pferdemaul, was die Taschen hergaben, was fortan ein motiviertes Pferd zur Folge hatte...

Und plötzlich pfeift der Hund auf's Pfeifen

...im Gegensatz zum Hund, der der festen Meinung war: *„Regeln wie bei-Fuß-gehen und Platz-machen, gelten zwar auf dem Trailplatz, aber im Wald pfeif ich drauf."* Ich pfiff auch: Dem Hund hinterher, der sich irgendwann dann doch erbarmte und an der Pferdeseite auftauchte. Das Kommando „andere Seite" hat sie über den Winter wohl auch vergessen, also blieb nur Eines:

Bei Hündin Lucy mussten wir zu Adam und Eva zurückkehren: Sitz – Pferdeleckerli, Platz – Pferdeleckerli (meine Taschen waren ja eh voll) und dann üben wir mal für den Horse & Dog Trail. Auf dem Platz eine ihrer leichtesten Übungen: Ablegen und warten, bis sie gerufen wird. Im Gelände werden durch solche Übungen sämtliche Überlebensinstinkte geweckt und Lucy robbte in Border Collie Manier auf dem Boden hinter mir her: *„Guck mal – ich mach Platz, aber ich komm trotzdem mit."* Wie gesagt – Adam und Eva lassen grüßen und Lucy kehrt mit ihren neun Jahren in die Welpenschule zurück.

Für Platz war der Boden zu nass, also musste ich mit Sitz klar kommen (ein angetäuschtes, bei dem der Hundepopo den nassen Boden nicht berührt). 75 Zentimeter vorgeritten, Hund abgerufen: Hund saust wie ein Kugelblitz an mir vorbei. Warum hat die eigentlich Angst mich zu verlieren, wenn sie hinter mir ist, aber nimmt es vollkommen gelassen, wenn sie dreißig Meter vorm Pferd ihre Runden dreht? Egal, nach einigen Tagen intensiver Übung und **Steigerung in Millimeter-Schritten** schaffen Pferd und ich es, uns drei Meter und 45 Zentimeter vom Hund weg zu bewegen und ihn dann abzurufen und dank der Taschen voller Pferdeleckerlis geht er danach sogar 90 Sekunden brav bei Fuß.

Playlist: ***Westernbasics mit Larissa - https://www.youtube.com/playlist?list=PLJjiTgC9GWQxGylPxbnckQmsOO_xnoRVT***

Zurück zum Pferd

Hundetraining ist doof, also widmen wir uns wieder dem motivierteren Pferd: Schenkelweichen, Travers, Schulterherein und sogar Traversalen vom rechten Wegrand zum linken Wegrand und zurück waren plötzlich machbar, nachdem das Pferd von den gefüllten Leckerli-Taschen erfahren hat und am Ende des Ausritts gab es noch nicht einmal Verwechslungen von „Bein-ran" für Kopf runter und „Bein-ran" für langsamer. Okay, ich gebe es zu: Ein bisschen gemogelt habe ich schon mit Stimmkommandos wie „Head down", „Walk", „Trot" und „Whoa" – aber die sind zum Glück auf dem Turnier ja auch nicht verboten. Na ja, schöner ist es, wenn es auch ohne klappt, aber der nächste Ausritt kommt bestimmt.

Zum Thema Hunde gibt es in diesem Buch einen weiteren Artikel, indem es um das Thema „Ich arbeite nur mit positiver Verstärkung geht" - ein Interview mit Canis-Gründer Michael Grewe auf S. 38

*Die **Horse-Dog-Trail**-Playlist: https://www.youtube.com/playlist? list=PLJjiTgC9GWQyRh4WQgGhGlQot8F8T1803 (von **12oaksTV**)*

2. TEIL: BEST-OF-TURNIERBLOG

Dank Trailkurs Sinn & Zweck von Frühschoppen verstanden

Bevor ich Euch erzähle, wie unser Jungpferd die Reitanlage, wo der Kurs war, mehr oder weniger zerlegt hat, erst mal zu etwas völlig Anderem:

Manchmal schiebe ich es ja aufs Alter, wenn man die Nächte nicht mehr durchfeiern kann, denn es gab Zeiten, da musste man mich quasi mit dem Besen am Ende des Nachbarschaftsfests mit herauskehren, aber gestern sind wir unglaublicherweise noch vorm Dunkelwerden vom Polterabend nebenan nach Hause gekommen ... Ich war einfach so was von platt nach diesem langen Kurstag, obwohl ich ja gar nicht geritten bin. Aber auch das Begleitpersonal *(also meiner einer)* kommt bei so einem Jugendkurs gelegentlich gewaltig ins Schwitzen. Besonders, wenn das Jungpferd zum allerersten Mal auf einem Tageskurs ist. Es war nahezu unmöglich, sie in der Zeit, wo Lucky dran war, irgendwo sicher einzusperren - ständig stand sie plötzlich neben einem - Augen verdreh. Beim ersten Paddock ist Queenie unterm Zaun durch, den Nächsten hat sie quasi komplett zerlegt und in der Gitterbox ist sie dann in typischer Queenie-Manier so gestiegen, dass sie senkrecht in der Luft stand. Was Queenie sonst noch auf dem Trailkurs erlebt und angestellt hat, erzähle ich euch ein anderes Mal. Vorab sei verraten, dass ich ihr einen neuen Spitznamen verpasst habe: "**Queenie Houdini**" *(siehe S. 28)*.

Aber ich wollte Euch ja erzählen, warum ich heute - im Alter von 51 Jahren - endlich, endlich die Tradition des Frühschoppens verstanden habe, denn nach so einem Tag wie heute schafft man es abends allenfalls noch, sich mit dem Laptop im Bett zu verkriechen und langatmige Blogartikel zu verfassen. Tagsüber könnte man aber durchaus noch Bäume ausreißen und hat gelegentlich den Schalk im Nacken sitzen. Zum Beispiel heute: Um die Mittagszeit hätte ich also noch so richtig die Sau rausgelassen, hätte man mir ein Bier oder einen Schnaps angeboten. Ohne Bier endete das Ganze dann aber nur in einer Wette und die war noch nicht einmal auf meinem Mist gewachsen.

Das war nämlich so: Nachdem sich die jugendlichen Trailkurs-Teilnehmerinnen den Vormittag mit Stangen im Abstand von zwei Metern befasst hatten, (*hättet ihr eigentlich gewusst, dass das Pferd beim Trab 2 x in die Lücke treten soll und beim Schritt 3 x, damit das mit dem Rhythmus klappt?*), ging es nachmittags ans Pattern-Reiten - soll heißen: Der Weg durchs Hindernis war quasi punktgenau vorgegeben und eine Rechts-Links-Schwäche gilt hier als gravierender Nachteil. Als Kursleiterin Kristina Müller also den drei Damen der höchsten Leistungsklassen den Trailparcours erklärte, gab das Begleitpersonal aus Müttern, Pferdebesitzeren und Chauffeusen ein fröhliches Intermezzo à la "Pferdeprofis an der Bande". Es dauerte somit nicht lange, dass wir zwei Mütter gefragt wurden, ob wir gegen ein Eis wetten. Ottilie (*Name geändert*) forderte uns heraus mit: "*Wetten, dass keine von den Dreien die Pattern richtig reitet?*" Wetteinsatz: Ein Eis auf der Landesmeisterschaft in zwei Wochen. Wir zwei stolze, aber auch leicht erboste

Mütter (*beleidigter Gesichtsausdruck drückt dann aus: Als würde meine Tochter sich verreiten - Frechheit*) haben in verletztem Mutterstolz sofort in den Top-die-Wette-gilt-Modus geschaltet und eingeschlagen und alsbald die wehrlosen Kinder angebrüllt: "*Reite das bloß richtig.*" Vor meinem Töchterlein war Gott-sei-Dank Nena (*Name geändert*) dran und die kannte den Weg und sorgte damit als Einzige dafür, dass Nenas Mutter und ich jetzt bei der Landesmeisterschaft ein Eis von Ottilie erhalten, die wiederum Nena zubrüllte: "*Du kriegst kein Eis.*", worauf ich lautstark erwiderte: "*Doch das kriegst Du von mir.*" Dass Larissa nur durch Kristinas Zuruf in letzter Sekunde nach links statt nach rechts abdrehte, kehren wir hiermit mal gepflegt unter den Teppich.

Nun denn: Mit dieser Adrenalin-belasteten Aktion nach den diversen **Ich-will-frei-sein-Aktionen** des Jungpferdes war meine Tagesration an Schalk und Feierlaune endgültig verbraucht und es werden Wetten angenommen, ob diese am Sonntag Vormittag zur Frühschoppenzeit wieder aufladbar ist.

Da ich Larissas Ritte gefilmt habe, könnt ihr einen Teil der Pferdeprofis-an-der-Bande-Klug"Äppelei" quasi live mit anhören. Wann ich Euch den 2. Teil vom Trailkurs erzähle, weiß ich aber noch nicht genau, weil ich im Turnierkanal eigentlich nur jeden Tag ein Video hochlade und mein eigenes Pferd habe ich gefilmt auf Teufel komm raus - das dauert jetzt. Wisst ihr warum? Wegen dem Rhythmus ... Nein, nicht der Rhythmus der Gangarten im Trail, den man braucht, um durch das Gleichmaß der Gänge ein Plus zu erhalten. Nein, nein, ein Video am Tag bedient vielmehr den Youtube-Rhythmus, damit man dort besser gefunden wird (*siehe Playlist i.d. Fußnote[1] bzw. besucht den Turnierkanal von 12oaksTV*).

Ich nehme jetzt einfach mal an, dass ihr nicht sooo dringend wissen möchtet, wie "Queenie Houdini" sich beim Rest des Trailkurs verhalten hat, *nachdem* sie ja ein gefühltes Viertel der Reitanlage in Schutt und Asche gelegt und mich dabei so auf Trab gehalten hatte, dass meine Energie wahrscheinlich morgen dann noch nicht einmal mehr für einen Frühschoppen reicht, deswegen wechsel' ich jetzt mal wieder frei nach Monty Python zu etwas völlig Anderem.

Bei der Landesmeisterschaft reitet Larissa ja alljährlich in der Mannschaft mit. Ich weiß nicht so genau, warum sie immer wieder eingeladen wird, aber es gilt wohl "*Einer für alle, alle für einen.*" ... sie wird erstaunerlicherweise jedes Jahr aufs Neue gefragt, obwohl sie bisher jedes Mal einen Nullscore für die Mannschaft "Girls just wanna have fun" erritten hat. Wer noch nicht weiß, wie genau - ich erzähle ja auch gerne Geschichten doppelt und dreifach - also hiermit:

---

1 **Trailkurs bei Kristina Müller – Queenies 1. Mal:** https://www.youtube.-com/playlist?list=PLJjiTgC9GWQzJM4jxV0BMw5-q4aU_xU7C

- 2014 hat Larissa in der Horsemanship das Rückwärts vergessen, sonst wäre sie Erste geworden
- 2015 war der Trail nicht mal von schlechten Eltern, aber Larissa war erneut das Streichergebnis, das es leider beim Rheinland-Cup gar nicht gibt. Larissas Argument: "*Ich habe doch gar nichts mit dem 2. Zügel gemacht*" zog bei den Richtern einfach nicht: Na ja, da alle guten Dinge drei sind. Es werden auch hier Wetten entgegen genommen, ob Larissa in zwei Wochen einen wertungsfähigen Ritt abliefert oder nicht[2]. Bis dahin noch ein paar Bilder vom Kurs

Es gibt natürlich noch mehr Bilder, die ihr im Juli 2016 bzw. im Januar 2017 im Turnierblog steiner-horsemanship.blogspot.de findet. Immerhin haben wir alle - inklusive Queenie - den Kurs bis zum Ende überlebt, denn Queenie hat nachweislich am Gruppenbild teilgenommen. Ähnlichkeiten der Fotografin im Vordergrund mit irgendwelchen Personen, die gerne sinnlose Wetten abschließen, sind natürlich rein zufällig und nicht beabsichtigt:

---

[2] Jippieh, es hat geklappt: **Larissa wurde Fünfte im Mannschaftstrail** - https://youtu.be/qFiDcIT1S_8

Hier ist Queenie Houdini drunter her gekrabbelt – darunter: „alles kaputt"

Und da stand sie freudestrahlend vor uns: „Ich bin wieder da"

Queenie Houdini will frei sein

Das fing ja gut an: Wir haben uns total gefreut, dass unsere Pferde statt auf einen Paddock sogar auf eine kleine Wiese kamen, während des Trailkurses, an dem wir Ende Juli teilgenommen haben. Larissa sagte noch, dass sie Queenie zutraut, dass sie unten drunter durch krabbelt, aber ich habe todesmutig gesagt: *"Quatsch, da ist doch Strom drauf."* Aber PUSTEKUCHEN - hätten wir gewettet, hätte ich verloren: Schwupps war Queenie unter der Litze durch gekrabbelt und stand neben uns. Also sind wir los gestiefelt und haben das Bodenpersonal gesucht, damit uns dann doch ein fester Paddock zugewiesen wird. Pferd einfangen, brauchten wir ja nicht: Die stand ja quietschvergnügt neben uns. Da kein Bodenpersonal zu finden war, aber andere Kursteilnehmer, haben wir uns den Paddock selbst zugewiesen, in der Nähe eines anderen Pferdes, aber wie uns im Nachhinein gesagt wurde waren die letzten beiden Paddocks wohl ohne Strom. Die beiden haben wir aber zielgenau angesteuert.

Aber über Strom oder Nicht-Strom konnten wir nicht nachdenken, weil ich erst mal versehentlich das Tor ausgehangen habe, was wir dann wieder einhängen mussten: Wie die Schildbürger. Endlich hing alles wieder in den Angeln und wir wollten mit Lucky zum Sattelplatz, hatten höchstens einen Schritt getan, da stand Queenie schon wieder neben uns. Auch jetzt lief Queenie nicht weg, war aber gewaltig am Zittern, weswegen wir dachten, sie wäre durch den Strom durch gerannt. Das wohl ja nicht, aber es hat wahrscheinlich auch so gewaltig in ihrem Rücken gedeppert.

Es gab aber nur eine Box für die Kursteilnehmer und die war vergeben. Zum Glück an eine Reiterin, die mit Larissa und Lucky zusammen in der Gruppe war. Auch das war nicht in Queenies Sinne, denn als ich vom Schadenfotos-erstellen zurück kam, stand sie in Zirkuspferd-Manier senkrecht in der Luft. Wenn ich schlau gewesen wäre, hätte ich erst das Foto gemacht und dann "Nein" ge-

brüllt. Aber wer rechnet denn damit, dass Queenie auf ein einfaches "Nein" all ihre Schandtaten einstellt? Deswegen nur ein Bild von Queenie auf vier anstatt auf zwei Beinen in der Box.

Das war übrigens auch nett von ihr, denn ich war schwer am Überlegen, wie man ein Pferd hinter Gittern ohne Gitter knipst, wenn man zu doof ist das kleine Türchen in der Boxentüre zu öffnen, aber netterweise ist sie fürs Bild einen Schritt zurückgetreten, um nach dem Vögelchen aus der Handykamera wieder so nah wie möglich an die

Türe zu kommen, um Kraulst-Du-mich mit Blicken zu fragen. Jedenfalls habe ich ab jetzt in Bezug auf die anstehende Reiteinheit Blut und Wasser geschwitzt, denn das mit dem Steigen und Senkrecht-in-der-Luft-stehen kann Queenie ja auch unter dem Reiter, aber auch hier hatten wir uns wieder geirrt: Sie ist durch den Trailkurs geschwebt, als hätte sie nie etwas anderes gemacht, dabei haben wir doch eigentlich bisher mehr Reining als Allrounder-Disziplinen mit ihr geübt, weil wir halt einen Reining-Trainer haben, den wir natürlich auch behalten.

Aber für Queenie brauchen wir jetzt einen zweiten Trainer oder eine Trainerin wie z.B. Kristina Müller, denn die sagte, dass Queenie definitiv ein Allrounder sei und eigentlich schon einen ziemlichen guten Rhythmus in den Hindernissen hätte, Larissa solle ihr zwar noch ein bisschen helfen, aber es sei gar nicht so schlecht. Und nachdem ich eine Saison Reining geritten bin, muss ich ehrlich sagen: Wie toll, dass mein Pferd vom Herzen her ein Trailpferd zu sein scheint, da Queenie ja gute Talente zum Oma-Pferd hat (zumindest, was ihr Schneckentempo betrifft). Genau richtig für mich ältere Dame, denn ich bin ja auch nicht die Schnellste.

Oben: „Queenie, ab in die Ecke" / unten: Impressionen von der Q 16 (Farbfotos bei steiner-horsemanship.blogspot.de).

Von den Socken auf Q 16: Wildes Rind & wilder Trail

Typisch Larissa, da denkt man, man hat mal einen freien Sonntag und dann gewinnt die schon wieder was. Wenigstens mussten wir dieses Mal nicht nach Florida (*letztes Jahr hat sie einen Platz bei einem Level-4-beyond-Kurs bei Pat Parelli gewonnen – im 12-Oaks-Sammelband Nr. 1 nachzulesen, siehe S. 77*), sondern wir mussten nur nach Aachen fahren, weil der Gewinn Wochenendkarten für die Q16 war. Da angekommen, hatten wir ein gutes Gespür dafür am Ende einer Prüfung anzukommen. So haben wir immerhin die Siegerehrung vom Fohlenchampionat gesehen und beim Stutenchampionat die Stuten in Bewegung verpasst. Etwas mehr Glück hatten wir beim Ranch Trail und beim Cutting, wo ein Rind völlig ausgerastet ist - dazu später. Erstmal muss ich Euch erzählen, dass wir uns dringend ein Quarter Horse kaufen müssen, weil man dann viel, viel mehr Schleifen bekommt - nämlich eine pro Richter. Auf der "Q" ging also die Erstplatzierte mit zwei Pokalen für einen Ritt nach Hause - ist ja irre. Kennen wir bei der EWU nicht, fragen uns aber ob das bei der GO auch so wäre - da sind es ja sogar drei Richter, aber Larissa war ja wegen einem Äppel-Stop[3] nicht im Finale und jetzt müssen wir bis nächstes Jahr warten, um das zu erfahren. Ist aber nicht so schlimm, denn es war insgesamt trotzdem ein spannender Sonntag. Besonders fasziniert waren wir vom Ranch Trail. Da musste man mit dem Pferd Baumstämme ziehen, eine Laterne transportieren und an einem Hindernis eine Glocke läuten. Im Zeitplan haben wir dann entdeckt, dass es auch eine Ranch Reining und eine Ranch Cutting gibt und wir dachten schon, dass man dann auch rund um irgendwelche Baumstämme und Sträucher stoppt und spinnt oder ein Rind von der Herde separiert. Die Ranch Reining haben wir verpasst, aber zum Glück jemand getroffen, der es uns erzählt hat: Es sei nur so eine Art Cup

---

[3] **Larissas Reining auf der German Open** https://youtu.be/WivmPvgCiaM

mit mehreren Disziplinen und am Ende gibt es eine Gesamtwertung. Immerhin haben wir den 3. Teil - das Cutting - noch sehen können. Das Cutting selbst war auch ganz nett, aber das kennt man ja von der Equitana. Spannend war eher das Gewöhnen der Herde an die Arena - besonders in dem Moment, wo zwei Rinder in eine Box getrieben wurden, damit die Herde am Ende der Bahn bleibt.

So zumindest der Plan, denn ein Bulle war da anderer Meinung und hat gewaltig die Box aufgemischt: Erst wollte er mit den Hörnern voran durch die Lücken der Panels krabbeln und weil das nicht geklappt hat, hatte er einen „Plan B" und wollte oben raus klettern und hat dabei sämtliche Panels verschoben. Die Sprecherin ermahnte die Zuschauer sich ruhig zu verhalten, weil die Rinder sonst Angst bekämen. Aber mit Angst hatte das - glauben zumindest wir - gar nichts zu tun. Der Bulle wollte einfach bekümmert werden, denn als die Helfer kamen, um die Panels zu richten und an der Bande anzubinden, war er sehr interessiert und hat sofort sämtliche Ausbruchversuche eingestellt und - unserer Meinung nach - gefragt: "*Kraulst du mich?*" Als dann alle Panels festgezurrt waren, wurde der Bulle samt Kumpel - ungekrault wohlgemerkt - in die Freiheit der Reithalle entlassen und die Herde blieb trotzdem weitestgehend an Ort und Stelle. Als die Ranch Cutting vorbei war (*und das ging schnell bei einer Handvoll Startern*) wurde sodann verkündet, dass nun die Herde ausgetauscht würde. Ob das jetzt wegen dem kuschelfreudigen Houdini-Bullen war oder einfach üblich ist, haben wir leider nicht erfahren, weil wir dachten: "*Wenn wir schon mal in der Aachener Soers sind, dann schauen wir uns das CHIO-Gelände an.*" und sind losgestiefelt in Richtung Springstadion und zur Wiese, wo die Kutschgespanne fahren - kannten wir ja bisher auch nur aus dem TV.

Was Reining-Reiten mit dem Natural Horsemanship gemeinsam hat

Den lieben, langen Tag erkläre ich meinen Schülern, dass man Verantwortung ans Pferd abgeben soll und nicht "babysitten" oder wie man bei Parelli sagt: Das Pferd "micromanagen" soll - und was mache ich selbst? Genau das. Ich hatte Euch ja im letzten Post versprochen, dass ich erzähle, welche Erklärung unser Trainer fürs Freeze-Up auf dem Turnier hat, wodurch der Score von 67 auf 64 abgerutscht war und deswegen füge ich hier ein paar Bilder davon ein, was für Stopspuren Lucky bei Eli so hinlegt.

Zurück zum Spin: Larissa hatte ja durchaus richtig fest gestellt, dass Lucky in Außenstellung gelaufen ist beim Drehen, aber der Grund lag wohl nicht so sehr oder nicht nur in der hohen Hand, sondern am Dauertreiben mit dem Bein. Ich habe nicht viel mit dem Bein gemacht, aber es war die ganze Zeit am Pferd und so erfährt das Pferd kein "Dankeschön", was fürs Pferd schon doof ist. Für den Reiter auch, denn sobald er das Bein weg nimmt, steht das Pferd. Die Pferde sollen ihren Job halt selbstständig machen und das muss man sich erarbeiten. Wie man das erarbeitet, lernt man tatsächlich schon im Natural Horsemanship - sogar im Level 2, aber erst mal noch im Kleinformat: Man gibt dem Pferd die Aufgabe ein bestimmtes Muster in einer bestimmten Gangart zu laufen, z.B. die Pattern "Folge dem Zaun" (*den Englischreitern als ganze Bahn bekannt*). Solange das Pferd diesen Job macht, lässt man es in Ruhe. Man hindert also das Pferd nicht daran, den Hufschlag zu verlassen, sondern wartet ab, bis es wirklich den Fehler macht und erst dann korrigiert man es. So kann es besser lernen, erlebt die so genannte "Kraft des Neutral" und hat Erfolgserlebnisse, weil es einen Job selbstständig machen darf. Bei Parelli werden dann die Pattern sukzessive immer schwerer und letztendlich ist es beim Spin dasselbe Prinzip. Aber ich habe noch mehr Parallelen zum Natural Horsemanship entdeckt:

Man lernt ja als NHS-Anfänger seine Hilfen in Phasen zu steigern. Die erste Hilfe ist sehr fein und die letzte - also beim Anfänger die vierte - ist effektiv. Wenn man dann fortgeschritten ist im NHS, dann lässt man die Phase 2 und 3 weg, weil die braucht man eigentlich nur, wenn man dem Pferd (*oder dem Menschen*) eine neue Aufgabe erklärt. Bei bekannten Aufgaben nutzt man eine lange und sehr feine Phase 1 und wenn das Pferd nicht reagiert, folgt die effektive Phase 4 unmittelbar.

Wenn man jetzt darüber nachdenkt, wie man das Tempo im Spin, den Rundown oder die Speed Control aufbaut, dann ist auch das ganz ähnlich: Erst Schnalzen, wenn das Pferd reagiert nichts machen, wenn es nicht reagiert, einmal kurz und knackig treiben: Gleiches Prinzip. Im NHS sagt man allerdings, dass auch ein Stimmkommando vom Pferd schon als Druck empfunden wird und man es daher eher als eine Art Phase 3 einsetzt. Auch bei Lucky kommt es vor, dass er auf das Schnalzen gelegentlich die Ohren anlegt, deswegen übe ich mich gerade im ganz leise Schnalzen.

Der Stop ist wiederum ein gutes Beispiel um den Unterschied zwischen Finesse und Freestyle-Reiten zu erklären. Pat Parelli hat diese beiden Begriffe erfunden, weil er früher oft den Eindruck hatte, dass Leute denken: Englischreiten ist mit Anlehnung; Westernreiten am langen Zügel reiten. Das kann man aber so nicht sagen, weil beide Reitweisen beides brauchen: Je nach Situation.

Für den Reiter macht es Sinn, beides erst einmal separat zu lernen. Der Reitanfänger würde also einhändig am langen Zügel reiten und die Zügel nur im Notfall als Phase 4 einsetzen (*bei Parelli ist das Level 2*). In Parellis Level 4 wird dann das Finesse-Reiten gelehrt, wo man in einer so genannten Audition (*das ist eine 10-minütige ungeschnittene Video-Prüfung*) die ganze Zeit mit Anlehnung reitet und dabei Volten, Zirkel, Seitengänge und fliegende Galoppwechsel zeigen muss. Da man in Westernriding-Prüfungen das Pferd ja eher gerade hält, also eine ganz leichte Anlehnung hat und Lucky beim Wechsel von links nach rechts im Sprung "nachspringt", habe ich einfach einmal versucht, wie es aussieht, wenn ich ihn "Freestyle" wechseln lasse und siehe da: Er stellt sich selbst nach außen. Statt ihn gerade zu halten, habe ich also als Zwischenübung versucht, auch hier einmal die Verantwortung abzugeben und jedes Mal, wenn er sich nach außen stellte, einen kurzen Zügelimpuls

nach innen gegeben: Die Wechsel wurden daraufhin wirklich etwas besser, weil er den Job verstanden hatte. Aber ich wollte den Wechsel zwischen Finesse und Freestyle ja am Stop erklären: Im Rundown würde man das Pferd nämlich ggf. versammeln, um spätestens im Moment des Stopps die Zügel wieder locker zu lassen. Das ist übrigens das, was mir noch sehr schwer fällt: Entweder reite ich ganz ohne Zügel oder mit Anlehnung. Der Wechsel von Einem zum Anderen - oft binnen Zehntelsekunden - ist etwas, was ich wirklich noch üben muss. Da bleibt nur zu sagen: Läuft!

- *Video: 1. Platz in der Westernriding* - *https://youtu.be/NszpYjBmF40*

- **NHS for beginners – Freiheitsdressur-Tipps & mehr:** *https://www.youtube.com/playlist?list=PLR4Cvt5LYbiRu_Ibjk_3vu28bgBjNgHfw*

- *Natural Horsemanship Inspirationen - PLAYLIST:* *https://www.youtube.com/playlist?list=PLR4Cvt5LYbiST2vlMoZp-DhXBE8DnCSz4*

3. TEIL – WISSENSCHAFT

Interview mit Michael Grewe

Auf den Hund gekommen: Das nicht nur, weil es im zweiten Beitrag (der Glosse auf S. 17) u.a. auch um den Hund ging, sondern weil das Thema positive Verstärkung auch für Pferde relevant ist, denn der Behaviourismus kennt vier gleichwertige Elemente, nicht nur eins.

„Ich arbeite NUR mit positiver Verstärkung", klingt toll, hört man in letzter Zeit ziemlich oft, beruht aber eigentlich auf einem gewaltigen Irrtum. Denn nicht alles, was positiv *heißt, ist* auch wirklich positiv – denn wer würde sich wohl über einen „positiven" AIDS-Test freuen? Positiv ist es allerdings, wenn die Kasse klingelt – vielleicht nicht für den, der zahlt, aber auf jeden Fall für den, der einnimmt. Das weiß ich aus eigener Erfahrung: Ich hatte einmal eine Zirkustrainerin gebucht, die von sich selbst sagte, sie arbeite NUR mit positiver Verstärkung, aber die Realität sah anders aus, denn unser sensibles Pony Lucky hat von ihr einen recht kräftigen Schlag mit der Gerte erhalten. Und das nur, weil er so stolz darauf war, das Steigen gelernt zu haben, dass er es auch zeigte, wenn ihn niemand danach gefragt hatte. Ich fand das gar nicht so schlimm, weil er dabei wirklich sehr vorsichtig war. Der Trainerin war das aber ein Dorn im Auge, so dass der „Klaps" mit der Gerte dazu führte, dass Lucky nun überhaupt nicht mehr steigen wollte. Wohlgemerkt war die Trainerin jemand, der von sich selbst sagt, sie arbeite **nur** und **ausschließlich** mit positiver Verstärkung. Im Moment bin ich vom Pferd ein wenig auf den Hund gekommen, denn wir haben Welpen-Nachwuchs und der sollte auch zur Schule. Ich persönlich habe aus meiner Erfahrung heraus einen großen Umweg um alles gemacht, was von sich behauptet, es würde **nur** positiv verstärken, weil das meines Erachtens gar nicht möglich ist. Als unsere Hündin Lucy also im Sommer 2015 Mutterfreuden entgegen sah und somit unsere Nachwuchshündin Idgie „unterwegs" war, hat mich im Tiergeschäft aus einem Regal heraus ein Buch regelrecht in seinen Bann gezogen:

Der Titel „Hunde brauchen klare Grenzen" sagte mir genauso wenig wie der Autor, aber ich musste es einfach kaufen und habe es sodann verschlungen: Es ist ein nicht nur fachlich empfehlenswertes, sondern auch ein sehr humorvoll geschriebenes Buch. Damit stand für mich fest: Das Qualitätsmerkmal der gesuchten Hundeschule für Junghund Idgie sollte „Canis" lauten. Der Autor des Buches, Michael Grewe, ist Mitbegründer eines Systems, das in Deutschland Seinesgleichen sucht: Er hat ein Studium für Hundeschulen und Hundetrainer ins Leben gerufen, in dem die Absolventen ein umfangreiches Fachwissen rund um den Hund erhalten und lernen mit dem Hund in seiner eigenen Sprache zu sprechen. Genau wie im Natural Horsemanship beim Pferd wird hier die Körpersprache und auch die eigene Präsenz eingesetzt: Das kann durchaus auch einmal ein Schubsen sein – eben so ähnlich wie auch das Tier in seinem Rudel oder seiner Herde kommuniziert. Beim Thema Leinenführigkeit wird dort in einer Weise Verantwortung an den Hund abgegeben, die den Prinzipien des Natural Horsemanship sehr ähnlich sind und somit habe ich mir eine Hundeschule ausgesucht, die eben genau das „Ich-arbeite-nur-mit-positiver-Verstärkung" nicht vorgibt, aber in meinen Augen viel tierfreundlicher ist, als es auf den ersten Blick manchem erscheinen mag. Denn ein gut erzogener Hund erhält eine Menge Freiheiten, die dem schlecht Erzogenen verwehrt werden müssen: Der gut Erzogene darf im Wald frei laufen, weil er kommt, wenn man ihn ruft und der schlecht Erzogene fristet ein trauriges Dasein an der Leine. Aber ich habe nicht nur auch das zweite Buch von Michael Grewe „Hoffnung auf Freundschaft" gleich hinterher bestellt, ich habe ihn für diesen Artikel interviewt und er sagte, dass es bei diesen angeblich sanften Methoden gar nicht so sehr ums Tier ginge, sondern um den Menschen, der dann von sich selbst sagen kann, dass er doch sooo lieb mit seinem Hund umgehe, weil er ja ausschließlich positiv verstärke. Grewe klärt das Mißverständnis dahingehend auf, dass dieses psychologische Verstärker-Modell lediglich der Tatsache Rechnung trägt, ob man etwas hinzu gibt (positiv) oder etwas wegnimmt (negativ). Gebe ich also z.B. in irgendeiner Form Druck hinzu, dann ist das – Sie werden es erraten haben – im behaviouristischen Modell positiv und nicht negativ. Aber mal ganz ehrlich – muss man das als stinknormaler Hundehalter eigentlich alles so genau wissen? Ich glaube nicht und auch Michael Grewe denkt, dass etwas, was eigentlich ganz einfach ist, in unserer Zivilisation bei vielen Menschen verloren gegangen ist.

Ich erinnere mich noch an meine Schulzeit, in der man uns im Erziehungslehre-Unterricht Videos von anti-autoritär erzogenen Kindern gezeigt hatte, die völlig aus dem Ruder gelaufen waren, weil man ihnen keine Grenzen aufgezeigt hatte. Bei unseren Kindern wissen wir mittlerweile wieder, dass diese auch Grenzen benötigen und das dieses Grenzen-Aufzeigen durchaus positiv ist, denn wir bereiten unsere Sprösslinge darauf vor, im Leben zurecht zu kommen. Sollten wir nicht unser heiß geliebtes Haustier ebenfalls auf genau das vorbereiten? Es einfach erziehen? Aber wie? Nur mit Loben und Clickern? Michael Grewe weiß: *„Wissenschaftliche Studien haben gezeigt, dass Erziehung ohne Bestrafung nicht funktionie-*

ren kann." Alles andere sei Augenwischerei und diese erfolge nicht selten, um dem Kunden das Geld aus der Tasche zu ziehen, indem man ihm gibt, was er sich wünscht. Und viele Hundeschulen-Kunden möchten einfach keine Konflikte. Was für eine Erleichterung, wenn ein Trainer dann behauptet, dass Hundeerziehung ganz ohne Konflikte auskommen könne. Mit einer derartigen Aussage rennt er bei manchen Kunden schlicht offene Türen ein, weil es genau das vorgibt zu sein, was diese Kunden sich immer schon gewünscht haben. Was wäre das für eine wunderschöne rosarote Welt, wenn wir ganz ohne Strafen auskommen würden? Aber – mal Hand aufs Herz – hat das bei unseren Kindern geklappt? Nie ein lautes Wort, nie Fernsehverbot, keine lautstarken Auseinandersetzungen mit dem aus dem Ruder gelaufenen Teenager? Es ist Wunschdenken und wer dieses Wunschdenken in der Menschenwelt lebt, erzieht in der Regel auch keine glücklichen Kinder, sondern verunsichert sie vielmehr, so meine ganz persönliche Meinung.

Auch Michael Grewe von Canis glaubt, dass ein Hund dieses Um--Keinen-Preis-Bestrafen-Wollen spürt. Diese Haltung spiegelt unsere Unsicherheit wieder und bereitet dem Tier nicht Glück, sondern noch mehr Angst. Nach Grewe kann man die eigene Autorität nur zeigen, wenn man diese Führungspersönlichkeit, die im Umgang mit Tieren so wichtig ist, wirklich fühlt und denkt. Wer dem Tier diese Sicherheit nicht geben will, weil er ja immer nur lobt, komme, was da wolle, dem geht es möglicherweise mehr um die eigene Selbstdarstellung als um das Tierwohl, überlegt Grewe: „*Ginge es uns ums Tier, dann würden wir uns vor die LKWs der Schlachttransporte werfen, um dieses Tierleid zu verhindern.*"
Doch wie werden wir unserem Hund denn nun am Allerbesten gerecht? Indem wir ihn Hund sein lassen und dazu gehört es auch,

dass der Hund einmal ein „Nein" hört und das dieses auch durchgesetzt wird[4].

Anlässlich des Interviews in diesem Artikel habe ich Michael Grewes Bücher ein zweites Mal gelesen und es gibt einfach Passagen, die er so treffend formuliert, dass ich diese abschließend im Original wiedergeben möchte: In den Buchtipps auf meiner Website (Sidebar) **www.12oaks-ranch.de** *finden Sie Leseproben zu seinen Büchern*

---

4 Siehe auch mein Video im Zirkus- und Vlog-Kanal von 12oaksTV **Der große Irrtum von der positiven Verstärkung** https://youtu.be/r9eIuxqA8Oo
  Die Zirkustrainerin wird noch in einem anderen Blogbeitrag erwähnt: **Der Kodex eines Dinosauriers** https://**12oaks-ranch.blogspot.-de**/2016/06/kodex-eines-dinosauriers.html

WOHIN GEHÖRT DER PFERDEKOPF UND WOHIN NICHT?

Ein Plädoyer für den goldenen Mittelweg

Ich bin ja aus vollem Herzen Westernreiterin und finde es einfach schön, wenn ein gelassenes Quarterhorse den Kopf ganz entspannt und unaufgeregt einfach nach unten fallen lässt. Trotzdem toleriere ich andere Reitweisen, denn alles andere ist einfach arrogant: Frei nach Sokrates **weiß ich, dass ich nichts weiß** und erreiche als überzeugte Parelli-Studentin immer nur **den nächsten Level der Inkompetenz.** Vor diesem Hintergrund wundere ich mich oft über die Inbrunst in Diskussionen, bei denen manche Kontrahenten es selbst dann ganz genau zu wissen glauben, wenn lediglich Meinungen ausgetauscht werden, die mehr von Emotionen geprägt als wissenschaftlich fundiert sind.

Doch auch wenn ich mir sehr wohl bewusst bin, dass ich die Weisheit eben nicht für mich gepachtet habe: Bei der Europameisterschaft in Aachen fiel es mir schwer, anderen Reitweisen gegenüber Toleranz zu üben: Wenn ich Pferde sehe, die so sehr unter Strom stehen, dass sie nicht nur nicht stillstehen können, sondern sich selbst sogar auf die Zunge beißen ... da werde ich einfach deswegen emotional, weil das Ganze kein Versehen war und auch kein reiterliches Unvermögen, das wirklich jedem passieren kann: **Rollkur ist 100prozentiges Kalkül und damit „volle Absicht"** und ich frage mich: Sind spektakuläre Bewegungen das wirklich wert?

Was sagt die Wissenschaft zur Rollkur?

Weil meine Meinung hier aber von meinem individuellen Empfinden und Geschmack als Westernreiterin geprägt ist, wollte ich es wirklich wissen und das Ganze aus wissenschaftlicher Sicht betrachten. Die Wissenschaft kann natürlich insbesondere bei Studien auch vom schnöden Mammon unterstützt werden und das natürlich auf beiden Seiten, deswegen wühle ich mich am Liebsten durch Doktorarbeiten: Beim Thema Rollkur war da leider nicht all-

zu viel zu finden, aber immerhin die Dissertation von Anna Kattellans aus dem Jahr 2012, die z.B. den Einfluss unterschiedlicher Kopfhaltungen auf die Winkelung der Hintergliedmaßen untersucht (Quelle 1 im Anhang) und aufzeigt, wo der Pferdekopf zumindest nicht dauerhaft sein sollte:
„*Seit dem 20. Jahrhundert (besteht) Übereinstimmung darüber, dass die absolute Aufrichtung sowohl dem harmonischen Bewegungsablauf entgegensteht als auch der Pferdegesundheit schadet.*" Lese ich emotional betrachtet gern: Die Westernreiter kennen ohnehin keine Aufrichtung, dort werden die Pferde zumindest als Endziel ausschließlich in Dehnungshaltung geritten: Aber auch hier kommen Pferdenasen gelegentlich hinter die Senkrechte und auch das ist manchmal Absicht. Der Unterschied ist, dass es hier nicht um spektakuläre Bewegungen geht, denn Aktion will der Westernreiter nicht. Er bevorzugt vielmehr flache Gänge, aber dennoch soll sich der Rücken des Pferdes nach oben wölben, um das Reitergewicht besser tragen zu können.

Zwei Extreme gleichzeitig

An den Bildern in Aachen hat mich vor allem gestört, dass gleich zwei Extreme kombiniert werden: Es ist eben **nicht nur** hinter-der-Senkrechten und auch **nicht nur** Aufrichtung: Es ist beides gleichzeitig - noch nicht einmal im Wechsel geritten. Philippe Karl, der das Buch „Irrwege der modernen Dressur" (Quelle 2) geschrieben hat, vertritt die Position, das ein Pferdekopf unter keinen Umständen hinter die Senkrechte geraten darf, auch nicht in der Dehnungshaltung. **Die Dehnungshaltung nach Phillippe Karl** ist eine eher hohe Position und hat den Zweck, dass beim Jungpferd die Muskulatur neu aufgebaut oder beim gerittenen Pferd korrigiert wird. Beim gut bemuskelten und vor allem weiter ausgebildeten Pferd empfiehlt Karl aber, den sinnvollen Wechsel der Dehnungshaltung mit der relativen Aufrichtung – immer nur eins von beidem.

Das macht auch Sinn, denn das Reitergewicht wird keineswegs von den Rückenmuskeln getragen, da dies fleischige Muskeln sind. Diese sollen aber niemals dauerhaft angespannt werden, sondern sich auch immer wieder lösen können, weil sonst die Sauerstoffversorgung des Muskels nicht mehr sichergestellt ist: Wird ein (fleischiger) Muskel zu lange in einer extrem angespannten Position gehalten, dann baut er sich letztlich ab. Es muss sich etwa so anfühlen, als würde man fünf oder zehn Minuten lang versuchen, eine Einkaufstüte mit ausgestrecktem Arm zu halten: Von Minute zu Minute fangen die Muskeln immer mehr an zu brennen, so wird es auf der Website pferdewissen.ch beschrieben (Quelle 3).

Die Nackenplatte hält den Kopf
In der Dehnungshaltung hingegen benötigt das Pferd kaum oder gar keine Muskelkraft, um seinen schweren Kopf zu halten. Das erledigt die Nackenplatte: ein sehniges Gewebe in der Form eines Dreiecks. Laut Quelle 3 sind sehnige Muskeln oder Sehnen sehr gut geeignet, um dauerhaft angespannt zu werden und somit auch Gewicht zu tragen. Diese Nackenplatte befindet sich im Hals des Pferdes. Daran ist das so genannte Nackenband befestigt. Der vordere Teil des Rückens wird durch das Nackenband gewölbt, beim hinteren Teil des Pferdes wird das Wölben des Rückens durch das Untertreten der Hinterhand sichergestellt, wobei die Bauchmuskeln ebenfalls daran beteiligt sind, das Reitergewicht zu tragen. Dieser Zusammenhang wird im Buch "Biomechanik und Physiotherapie" von Helle Katrine Kleven ähnlich dargestellt (Quelle 4, S. 51). Zitate hieraus finden Sie im Anhang und auf meiner Homepage.[5]

Unsere Fancy hat im wahrsten Sinne des Wortes ihren eigenen Kopf und den am Liebsten weit oben. Da ich mich in allem, was ich mit Pferden tue, am Natural Horsemanship orientiere (denn das

---

5   http://www.12oaks-ranch.de/denkanst%C3%B6%C3%9Fe/warum-dehnungshaltung/ **Unterseite „Warum Dehnungshaltung" bei Denkanstöße**

sollte die Grundlage für alles Weitere sein), habe ich bei Fancy zunächst versucht, die emotionale Versammlung zu fördern, denn wer innerlich angespannt ist, kann auch äußerlich nicht locker sein. Nach den „Horsenalitys"[6] von Pat Parelli ist Fancy ein so genannter Right Brain Extrovert. Dieser Pferdepersönlichkeitstyp würde auf Deutsch übersetzt in etwa so beschrieben, dass es von Haus aus ein ängstliches Pferd ist, das zur Flucht neigt, also rennt, wenn es verunsichert ist oder Angst hat.

---

6   Mehr Infos im **Themenmonat Pferdepersönlichkeitstypen**:
    https://12oaks-ranch.blogspot.de/2016_04_01_archive.html

Ängstliche Pferde haben den Kopf weit oben

Typisch für diesen Pferdepersönlichkeitstyp ist: Der Kopf ist oben – ganz weit oben. Denn diese Pferde wollen ihre Umgebung nach Fressfeinden und möglichen Gefahren absuchen. Dennoch ist die Anatomie dieser Pferde natürlich nicht anders als die aller anderen Pferde. Nervöse Pferde profitieren nicht minder von der Dehnungshaltung und auch sie sollten in ihrer Muskulatur locker sein und im Rücken schwingen und diesen aufwölben. Die in der Fachwelt „Losgelassenheit" genannte Eigenschaft ist unserer Fancy nun aber völlig fremd. Da sie erst sechsjährig angeritten wurde, war es gar nicht so einfach, sie davon zu überzeugen, locker zu sein.

Das kennen wir Menschen: Es gibt da keinen Knopf und auf die Aufforderung „Entspann dich mal" reagieren die meisten Menschen eher ratlos. Aber unmöglich ist es dennoch nicht: Bei Menschen nutzt man z.B. die so genannte progressive Muskelentspannung, die ich einmal in einer Mutter-Kind-Kur kennen gelernt habe, um angespannte Muskeln zu lockern: Diese werden erst einmal so fest wie irgend möglich angespannt, um nach etwa einer Minute wieder loszulassen, so dass es dem Patienten leichter fällt zu entspannen. In der klassischen Ausbildungsskala ist der erste Punkt die erwähnte Losgelassenheit und der letzte die Versammlung. Der Begriff Versammlung ist dadurch geprägt, dass Muskeln angespannt werden: Das ganze Pferd wird schließlich verkürzt. Dass dies nur zeitlich begrenzt ausgeübt werden kann und soll, dürfte sich von selbst verstehen.

Beim Versuch unsere Fancy zu versammeln, hatten wir regelrechte Panik vor Rollkur-ähnlichen Momentaufnahmen. Doch Fancys Nase geriet halt doch immer einmal hinter die Senkrechte und meine Kinder und ich haben uns in diesen Fällen kontinuierlich gegenseitig korrigiert, weil wir durch die Diskussion über die Rollkur im höchsten Maße dafür sensibilisiert waren, dass ein Pferd niemals – auch nicht für wenige Sekunden – hinter die Senkrechte geraten darf, mit der Folge, dass Fancy auch erst mal nicht gelernt hat, den Hals fallen zu lassen und beim Geritten-Werden den Kopf mit der so genannten Nackenplatte und den Reiter mit dem Nackenband zu tragen.

Sag niemals nie

In einem anderen meiner Artikel mit dem Titel „Yoga for horses" (*siehe 12-Oaks-Sammelband 1 „Inspirationen aus dem Parelli-Land"*) habe ich Pat Parelli zitiert, der sagt: *„Sag niemals nie, sag nicht immer immer, normalerweise sag normalerweise"*. In einem

Kurs, den wir in den Staaten bei Parelli besucht haben, hat er uns eine Übung im Stand vorgestellt, wo die Halsmuskeln des Pferdes gedehnt werden, bei der das Pferd aber dann doch hinter die Senkrechte gerät – kurzfristig wohlgemerkt. Es wird nicht dauerhaft in der Position gehalten, denn Rollkur wird im Natural Horsemanship selbstverständlich ebenfalls abgelehnt: Diese Übung aber sollten wir täglich mit unseren Pferden ausüben, so der Ratschlag von Pat Parelli. Im Natural Horsemanship wird das Pferd - wie oben erwähnt - schließlich zunächst emotional und mental ins Gleichgewicht gebracht, bevor man es mit dieser Übung körperlich versammelt. Denn ein Pferd, das Angst hat, kann nicht denken und wer nicht denken kann, kann nicht lernen. Da geht es Pferden auch nicht anders als uns Menschen.

So haben auch wir bei unserer Fancy alle Strategien angewandt, die ihr helfen, mehr Vertrauen zu entwickeln: Vertrauen in den Menschen, Vertrauen in die Umgebung und Vertrauen in sich selbst. Diese Strategien waren wichtige Zwischenschritte mit dem Ergebnis, dass Fancy sich mittlerweile sogar ohne Kopfstück in allen Gangarten reiten, aus dem Galopp anhalten und fliegend wechseln lässt – mit einer moderaten Kopfhaltung – nicht ganz oben und nicht ganz unten. Nun benötigt aber auch Fancy ein Mindestmaß an Versammlung und muss wie jedes andere Pferd gymnastiziert werden.

Der Weg von der WC-Ente hin zum losgelassenen Pferd

Wie oben gelesen, ist ihre Vorliebe zur Kopfhaltung einer WC-Ente nicht gerade gesundheitsfördernd, da dabei dann ja auch der Rücken weg gedrückt wird. Daher ist manchmal auch der umgekehrte Weg denkbar und erforderlich: Ich entspanne das Pferd körperlich, damit es auch emotional loslassen kann. Diese Überlegung hat Pat Parelli einmal mit der sinngemäßen Frage aufgeworfen: *„Was war zuerst? Das Ei oder das Huhn?"* (er sprach im Englischen von einer Eidechse). Ein Reining-Trainer hat mir einmal erklärt, dass ein kurzfristiges Treiben des Beins gegen den Zügel dazu führen kann, dass auch verspannte Pferde den Rücken wölben und weich werden können. Denn die Dehnung von Muskeln ist sowohl beim Menschen als auch beim Pferd grundsätzlich sinnvoll, wenn man eine bestimmte Grenze nicht überschreitet.

Würde man ein Pferd aber gewaltsam und auch noch dauerhaft in eine Position bringen, in der seine Muskeln sogar überdehnt werden, dann schadet man dem Pferd und betreibt pferdeschädliche Rollkur und mindert auch die seelische Losgelassenheit und die Fähigkeit des Pferdes sich im wahrsten Sinne des Wortes zu

„sammeln". Es geht wie so oft darum, das rechte Maß zu finden und möglichst Mittelwege zu beschreiten, die nicht umsonst golden genannt werden. Hannes Müller, Ausbildungsleiter der deutschen Reitschule in Warendorf ist erklärter Rollkur-Gegner und lehnt diese Methode rigoros ab, dennoch sei ein kurzfristiges Reiten hinter der Senkrechten keine Rollkur: *„Ein Reiter muss wissen, wie viel wovon er wann einsetzt. Und bei Pferden, die sich im Rücken fest machen, ist es nicht zielführend, Angst davor zu entwickeln, dass das Pferd einmal hinter die Senkrechte gerät.*

*So sehr ich Phillippe Karl schätze, so muss ich doch anmerken, dass es ihm bei manchen Pferden nicht gelingen wird, ihren Rücken zum Schwingen zu bringen. Die Maßgabe hohe Hand und Nase immer vor der Senkrechten, ist so gesehen **das andere Extrem** und geht nicht individuell genug aufs einzelne Pferd ein*", gibt der Berufsreiter zu bedenken.

Die alten Franzosen

Das wussten offenbar auch die französischen Reitmeister im 18. Jahrhundert. Anna Kattellans beginnt ihre Doktorarbeit (Quelle 1, S. 1) mit einem Blick in die Geschichte und stellt fest, dass die seit dem Mittelalter bekannte Technik, bei der das Pferd in einem 20-Grad-Winkel hinter die Senkrechte gedehnt wird, sowohl von Altmeister **François Baucher** als auch von dem bekannten Reitmeister **Paul Plinzer** angewandt wurde. Nach Phillippe Karls Buch „Irrwege der modernen Dressur" (Quelle 2) hat Baucher zwei Methoden entwickelt. Seine zweite Methode ist bekannt unter den Stichworten: „Hand ohne Bein, Bein ohne Hand". Bei seiner ersten Methode, treibt das Bein aber tatsächlich gegen den Zügel. Auf Seite 79 der Quelle 2 ist nachzulesen, dass diese erste Methode „Effet d'ensemble" genannt wird und nur in begründeten „Ausnahmefällen angewendet (werden soll), um Widersetzlichkeiten des Pferdes im Keim zu ersticken", erklärt Phillippe Karl diese Vorgehensweise.

Dementsprechend hat Xenophon-Gründer und Rollkurgegner **Klaus Balkenhol** in einem Spiegel-Interview (Quelle 5) Folgendes klar gestellt: „*Ein Pferd für kurze Zeit auch mal rundzustellen, also den Hals herunterzunehmen, um den Rücken zu heben, das kann als gymnastische Übung sinnvoll sein und ist nicht weiter schlimm. Darum beweisen die jetzt herumgereichten Fotos extrem tief gestellter Pferde relativ wenig – das können ja Momentaufnahmen sein. Wenn ein Pferd aber, mit Hilfszügeln und scharfen Gebissen, sehr eng geritten und der Kopf über eine längere Phase gewaltsam tief, eng und teilweise zusätzlich seitwärts gezogen wird, dann entspricht das nicht der artgerechten Ausbildung des Pferdes.* **Es tut dem Tier garantiert weh.**"

Forschungen der Universitäten Uppsala und Guelph (zitiert nach Quelle 6) aus dem Jahr 2012 haben unter Beweis gestellt, dass bereits nach 10 Minuten Rollkur die Pferde unter vermehrtem Stress stehen, womit deutlich wird, dass auch die Dauer der Position von entscheidender Bedeutung ist. Auf den ersten Blick folgerichtig wurde „*in einer Sitzung der FEI am 9. Februar 2010 mit Befürwortern und Gegnern der Rollkur der Begriff LDR eingeführt, der zwischen einer kurzzeitigen Hyperflexion ohne Kraftaufwand oder Aggression des Reiters (Low, deep and round) und Halspositionen, die durch „aggressive Kraft" entstehen (Rollkur), unterschieden werden*" (Quelle 6). Bei der Europameisterschaft 2015 soll dann Beobachtern zufolge von **Edward Gal** Folgendes praktiziert worden sein: zehn Minuten extreme Aufrichtung, die Nase ununterbrochen hinter der Senkrechten, eine Minute Dehnung und dann wieder zehn Minuten zwei extreme Haltungen kombiniert, die wir unter dem Namen „Rollkur" kennen. Wenn ich mir das Ganze mit der zuvor erwähnten Einkaufstüte an meinem ausgestrecktem Arm auch nur vorstelle, **brennen mir schon beim Drüber-Nachdenken sämtliche Muskeln.**

Fauler Kompromiss

Kritiker nennen diese LDR-Einigung somit einen „faulen Kompromiss". **Anna Kattellans** (Quelle 1) übt ebenfalls Kritik, besonders an der tiefen Einstellung des Pferdes. Studien eines McGreevy aus dem Jahr 2004 haben ergeben, dass Pferde verunsichert werden, wenn Zügel- und Schenkelhilfen gleichzeitig angewendet werden (Quelle 7). In dieser Diskussion muss bedacht werden, dass der Reiter, der sein Pferd versammeln und somit verkürzen möchte, mit den Zügeln vorne begrenzen muss, denn auf ein alleiniges Treiben des Beins, würde das Pferd einfach nur schneller vorwärts gehen. In einem Artikel von Barnboox zum Thema (Quelle 8) wird Christoph Hess, der ehemalige Leiter der FN-Abteilung „Ausbildung" zitiert. Er rät dazu, dass der Reiter mit der Zügelhand „abwartet" statt zu ziehen, um die im Klassisch-Reiten erwünschte Anlehnung zu erreichen. Auch Hilfszügel (richtig verschnallt) könnten, zumindest nach Hess, dem Pferd helfen, diese Anlehnung zu finden, da sie in ihrer Wirkung konstant seien und ein gewaltsames Zerren des Reiters verhindern würden.

Trotz dieses Vorteils der konstanten Hilfengebung, sehe ich allerdings dann einen Nachteil, wenn ein Hilfszügel nur eine einzige Kopfhaltung erlaubt, weil dann der sinnvolle und für den Muskelaufbau notwendige Wechsel aus Spannung und Entspannung unmöglich wird. Es nützt nichts: Man wird sich die Mühe machen müssen und **einfach gut reiten lernen müssen,** dann braucht man keine Hilfszügel, weil eine weiche Hand niemals gewaltsam zerrt.

Hilfen punktuell einsetzen

Im oben erwähnten Barnboox-Artikel kommen auch einige Westernreiter zu Wort. Da es in dieser Reitweise zumindest im Endziel weder Aufrichtung noch Anlehnung gibt, rät Reiningreiter **Grischa Ludwig** in dem Artikel dazu, Hilfen punktuell einzusetzen: *„Ich versuche von Anfang an, das Pferd von der Anlehnung wegzubekommen. Wenn es seine Form verlässt, drücke ich es da hin, wo ich es haben will."* Im gleichen Artikel wird ein anderer Westernexperte zitiert. Ralph Edmond Knittel, Pferdewirtschaftsmeister und Trainer B, der zumindest in der Ausbildungsphase einen Sinn in der Anlehnung sieht: *„Nur durch diese elastische Spannung zwischen Reiterhand und Pferdemaul und durch die gleichzeitige Aktivierung der Hinterhand kann sich das Nacken-Rückenband des Pferdes spannen und dadurch die Wirbelsäule stützen und vor frühem Verschleiß schützen."*

Ähnlich wie Pat Parelli rät die erfolgreiche Cutting-Reiterin **Ute Holm** von Extremen jeglicher Art ab – auch das Westernpferd müsse gymnastiziert werden. Holms Weg führt in drei Phasen über die Anlehnung zum Endziel des langen Zügels, denn erst muss das Pferd die Selbsthaltung lernen. Einfach den Zügel lang lassen, ohne jegliche Gymnastizierung, sei kein gutes Westernreiten, warnt Ute Holm: *„Wenn ich ein Pferd dazu bringen möchte, seinen Rücken aufzuwölben, so muss ich mehr mit Bein und Hand reiten. Das reine Nachgeben am Zügel ohne den treibenden Schenkel, wird ein Pferd wohl nicht auf Dauer gesund erhalten."*

Reiten als Dialog

Auf Westernturnieren wird es mit Punktabzug bestraft, wenn das Pferd hinter die Senkrechte gerät. Also gilt es ohnehin langfristig, entweder eine weiche Anlehnung oder eine gute Selbsthaltung am langen Zügel zu erarbeiten. Im Westernreitern gilt ohnehin der Grundsatz: *„Immer wenn das Pferd nachgibt, gibt der Reiter nach."*

Im Idealfall bedeutet das: Je schneller das Pferd weich wird, desto schneller wird auch der Reiter federleicht in der Hand und gibt dem Pferd Komfort. Dies scheint auch im Klassischreiten Priorität zu haben, denn **Hannes Müller** hat gemeinsam mit **Eckart Meyners** ein Buch geschrieben, dass den Titel „**Reiten als Dialog**" hat. Dieser Titel hat mich fasziniert, wie auch Pat Parelli Grundsatz: „**Kommunikation ist gegenseitig**". Das ist für mich das entscheidende Kriterium und auch der entscheidende Unterschied: Wird ein Pferd in einer bestimmten Position regelrecht festgehalten, so lehne ich dies ab und schließe mich Hannes Müllers Statement „Rollkur, nein danke" aus vollem Herzen an. Findet hingegen eine Kommunikation mit dem Pferd statt, die dem Pferd hilft, Muskelverspannungen aufzugeben, indem ein stetiger Wechsel zwischen Spannung und Entspannung stattfindet, dann befindet sich das Pferd-Reiter-Paar auf dem Weg zu feinem Reiten - selbst dann wenn das Pferd einmal kurzfristig hinter die Senkrechte geraten sollte, denn hier entscheidet am Ende das Pferd über die Dauer der Anspannung: Erst wenn das Pferd weich an den Hilfen wird, gibt der (Western-)Reiter mit der Hand nach. Am Anfang mag dies auch einmal wenige Minuten dauern, da kann es vielleicht auch passieren, dass ein Pferd im Genick mehr nachgibt, als am Halsansatz (dadurch gerät es ja hinter die Senkrechte), aber hier ist das Endziel nicht die größte mögliche Anspannung für spektakuläre Bewegungen, denn das will die Rollkur im Gegensatz zur anderen Methode ja erreichen.

Bei gutem Reiten – ob Klassisch oder Western, ist es das erklärte Ziel, ein Pferd aktiv zu entspannen. Das ist das genaue Gegenteil der Rollkur, auch wenn es phasenweise sehr ähnlich aussieht. Nicht nur für den jeweiligen Reiter auch für den Betrachter von Fotos und Videos gilt: **Die Kunst ist es, das Eine vom Anderen zu unterscheiden!**

Jungpferdeausbildung: Das Einreiten

Nicht nur auf das WANN kommt's an, sondern auch aufs WIE

Menschen lieben es einfach. Am Einfachsten ist es, wenn man die Welt in Schwarz und Weiß unterteilen kann und was ist einfacher, als wenn man anhand einer einfachen Zahl entscheiden kann, ob es sich beim Gegenüber um einen guten oder einen schlechten Mensch handelt?

Der nachfolgende Artikel soll **kein** Plädoyer dafür sein, Jährlinge einzureiten, aber es will zumindest die Forderung hinterfragen, die verlangt, dass alle Pferde erst fünfjährig eingeritten werden sollen. Meinem ganz persönlichen Empfinden nach, ist das Eine mindestens ein Jahr zu **früh**, wogegen das Andere mindestens ein Jahr zu **spät** ist.

Das sagt mir zumindest mein gesunder Menschenverstand und meine ganz persönliche Erfahrung. Ich selbst bin schon im Teenageralter geritten: im Klassisch-Reitstall und bei meiner Cousine, die sporadisch Araber gezüchtet hat. Nach einer langjährigen Pause bin ich vor etwa 15 Jahren wieder eingestiegen, aber dieses Mal ins Westernreiten. In meiner Jugend war es gang und gebe, Pferde dreijährig einzureiten – außer bei Isländern, die als spätreif galten. So konnte ich also einige dreijährig eingerittene Pferde auf ihrem Lebensweg bis zum Rentenalter beobachten. Vor 15 Jahren, als ich ins Westernreiten einstieg, erlebte ich, dass man Westernpferde ein halbes Jahr früher einreitet – allerdings folgte auf das Anreiten oft eine mehrwöchige oder gar mehrmonatige Pause, in der die Pferde das Gelernte verarbeiten konnten. Ein dreijähriges Pferd entspricht altersmäßig etwa einem 20jährigen Menschen und da mein Vater mit 14 Jahren in seine Lehre zum Bohrwerksdreher gegangen ist, fand ich es nicht verwerflich, wenn man gerade die frühreifen und gut bemuskelten Quarterhorses etwas früher eingeritten hat. Viele dieser mir bekannten Pferde gehen heute auf die zwanzig zu und es scheint ihnen gut zu gehen. Ich kann mir auch beim besten Willen nicht vorstellen, dass jemand Pferde züchtet, einreitet, trainiert und damit lebt, dass diese dann zwei, drei Jahre nach dem Einreiten unbrauchbar wären, was ja oft behauptet wird, z.B. in Diskussionen auf „Facebook". Das finde ich nicht plausibel, denn es wäre einfach unwirtschaftlich: Abgesehen vom Wert der Pferde sind ja auch die Aufzucht- und Trainingskosten nicht gering.

In Zeiten der Social Communitys werden Meinungen nicht nur durch den gebildet, der sich auf einem Gebiet besonders gut auskennt, sondern auch dadurch, wer im Internet am Meisten aktiv ist und daher mehr postet und kommentiert. Niemand weiß, wer hinter manchen Profilen steckt. Es ist somit nicht ganz auszuschließen, dass Laien den Prozess der Meinungsbildung stärker beeinflussen als Experten ihres Fachgebiets.

Wenn in Internet-Foren das Thema „Einreiten" debattiert wird, dauert es meist nicht lange, bis eine Grafik auftaucht, wo Striche in die Richtung diverser Knochen gezeigt werden mit einem Vermerk, wann sich die jeweiligen Wachstumsfugen beim Pferd schließen – woraus dann jeder seine eigenen Rückschlüsse zieht. Wer sein Pferd mit drei Jahren einreitet, wird zwischenzeitlich schon misstrauisch beäugt. Der Westernreiter, der jahrzehntelang Pferde zweieinhalbjährig eingeritten hat, gilt plötzlich als Tierquäler.

Ich frage in diesen Diskussionen immer nach Studien – monatelang erhielt ich keine Antwort auf diese Frage. Es schien niemanden zu interessieren, ob seine ganz persönlichen Schlussfolgerungen aus dieser Grafik wissenschaftlich belegt sind oder nicht. Also habe ich die Grafik zurückverfolgt zu einer Webpräsenz, wo es übrigens eher um Sättel und Grafiken, aber weniger um wissenschaftliche Forschung geht. Aber auch die Gegenseite hatte bislang keine Studien zur Hand, daher argumentieren beide Seiten aus dem gesunden Menschenverstand heraus, der sich anscheinend in recht unterschiedlichen Meinungen zeigt: Die Einen werfen den Anderen „Kinderarbeit" vor, die sich mit folgenden Argumenten zur Wehr setzen, z.B. dass Schulkinder schon einen Ranzen tragen oder Balletttänzer und andere Spitzensportler schon im Kindesalter mit dem Training begonnen haben. Beim Mensch heißt es, dass die körperliche Leistungsfähigkeit im Alter von 30 Jahren allmählich nachlässt. Analog hierzu soll beim Pferd mit acht Jahren die körperliche Leistungsfähigkeit nachlassen. Angenommen, dass dies der Fall wäre und wir Pferde tatsächlich erst fünfjährig einreiten, blieben uns höchstens drei Jahre, um die Pferde nicht nur auszubilden, sondern auch erfolgreich im (Western-)Sport vorzustellen. Klingt nach Stress, wie ich finde. Ohne die angeführte Grafik infrage stellen zu wollen, möchte ich hier wertungsfrei die weiteren Gründe aufzuzählen, die von den Befürwortern des Anreitens von zweieinhalb bis dreijährigen Pferden genannt werden:

1. Was Hänschen nicht lernt, lernt Hans Nimmermehr: Junge Lebewesen sind aufgeschlossener und lernfähiger
2. Junge Menschen und junge Pferde sind verspielter und neugieriger und daher viel eher bereit, etwas Neues auszuprobieren und Spaß an einer neuen Aufgabe zu haben
3. Je früher man mit der Ausbildung beginnt, desto langsamer geht diese vonstatten: Es verbleibt mehr Zeit für mehrwöchige Pausen zum Nachdenken, Verarbeiten und Speichern.
4. Es gibt nicht nur Rasseunterschiede, sondern auch individuelle Unterschiede

Da dieses Thema so vielen Menschen auf der Seele zu brennen scheint, wollte ich es genau wissen und habe mich intensiv durch die Thematik „gegoogelt". Erschreckend war zunächst, dass es bei Pferden, die zweijährig bereits Galopprennen bestreiten, vereinzelt Knochenbrüche gegeben haben soll, wobei die Epiphysenfuge des Röhrbeins gebrochen sei (Quellen im Anhang). Da ich aufgrund dieser Aussage weder beurteilen kann, wann die Pferde eingeritten wurden (als Jährlinge?), noch ob und wie gut sie auf diese Rennen im wirklich halsbrecherischen Tempo vorbereitet wurden, noch wie sie gehalten und gefüttert wurden und auf welche Art das Einreiten erfolgte, habe ich mich also durch diverse Doktorarbeiten gelesen. Aus Vieren werde ich hier zitieren, die ich der Einfachheit halber mit Quelle 1 – 4 benenne (die zugehörigen Links finden Sie im Anhang des Buches).

Bei der ersten Quelle, die sich explizit mit diesem Thema befasst und neben Röntgenanalysen auch Magnetresonanz-Tomographien einbezieht, war sogar ich erstaunt, als ich las, dass das Längenwachstum der Knochen im Alter von 2,5 bis 3 Jahren abgeschlossen ist – je nach Rasse. Zwar bestreitet die Studie nicht, dass vereinzelte Wachstumsfugen in Schulter, Becken oder Wirbelsäule sich erst später schließen. Wissenschaftliche Forschungen beweisen aber, dass die empfindlichste Wachstumsfuge im Röhrbein zu finden ist. Diese Fuge ist somit Schwerpunkt der ersten Studie, denn nur an dieser Stelle gab es Knochenbrüche bei den Galopprennpferden – Brüche anderer Wachstumsfugen scheinen nicht bekannt zu sein. Einen Hinweis darauf, dass Pferde erst belastet werden sollten, wenn sich auch die allerletzte Wachstumsfuge geschlossen hat, habe ich somit nirgendwo gefunden. Die vierte Quelle geht sogar so weit, dass schon im Alter von 24 Monaten (zwei Jahre) zumindest beim Vollblut 100 Prozent der Körpergröße erreicht sei – bei Warmblütern und Kleinpferden sollen dies knapp 90 Prozent der endgültigen Größe und des endgültigen Gewichts sein. Ist das Pferd älter als zwei schließen sich die Wachstumsfugen und die Knochen wachsen nur noch in einer Verdickung des Querschnitts. So steht es in der Doktorarbeit von Stefanie Walker (Quelle 4). Die beiden anderen Quellen beschäftigen sich vor allem mit der artgerechten Haltung von Pferden und den Einfluss von Haltung und Bewegung auf die Entwicklung des Knochengerüstes. Entgegen der landläufigen Meinung dient es nicht zwangsläufig dem Wohl der Pferde diese möglichst zu schonen, denn *„Zug- und Druckkräfte, die innerhalb gewisser physiologischer Grenzen auf die*

*Epiphysenfuge einwirken, (sind) für die fortlaufende ordnungsgemäße Entwicklung **unverzichtbar**.*" Beim Umfang der Knochen wurden auch gravierende Unterschiede zwischen Stuten und Hengsten wissenschaftlich belegt.

Auch die dritte Quelle hebt bei Störungen und Fehlstellungen mehr auf Fehler in der Haltung oder Fütterung ab. Hier heißt es: *„Absetzer und Jährlinge, die auf der Weide gehalten werden oder zumindest 12-stündigen Weidegang erhalten, weisen im Vergleich zu den in Stallhaltung aufgewachsenen Tieren signifikant höhere Mineralgehalte im Hauptmittelfußknochen auf. Bei Jungtieren, die mit Trainingsbeginn von der Weide in die Box gestellt werden, kommt es zum Rückgang des Knochenmineralgehaltes"*. In dieser Quelle wird auch deutlich, dass es in der Tat rassespezifische Unterschiede gibt: Die Knochenfugen beim Warmblut schließen sich etwas später als z.B. bei Vollblütern und Quarter Horses. Der ursächliche Zusammenhang, der hier festgestellt wird, betrifft ebenfalls weniger den Zeitpunkt des Einreitens als die Haltung der Pferde: *„Bei Jungtieren, die mit Trainingsbeginn von der Weide in die Box gestellt werden, kommt es zum Rückgang des Knochenmineralgehaltes. (...) Daher erscheint es nicht unwahrscheinlich, dass Bewegungsmangel bzw. nicht den natürlichen Gegebenheiten entsprechende Bewegungsmodi auch bei Reit- und Sportpferden negative Auswirkungen auf die Festigkeit und Belastbarkeit des Skeletts haben könnten. Der Gelenkknorpel ist aufgrund seines Baues auf Druck- und Scherenbelastungen eingerichtet. Er besitzt die Fähigkeit, durch Wasseraufnahme aufzuquellen und damit seine Druckelastizität zu erhöhen. Um seine volle Belastbarkeit zu erreichen, benötigt der Knorpel nach experimentellen Messungen eine Mindestzeit von 10 bis 15 Minuten. Pferde, die höheren Belastungen ausgesetzt werden sollen, werden daher in der Regel zu Beginn der Arbeit vorsichtig warm geritten.*"

Wenn man diesen Forschungsergebnissen gedanklich folgt, spricht vieles dafür, nicht nur über den Zeitpunkt des Einreitens nachzudenken, sondern vielmehr über die Art und Weise desselben – insbesondere um der geistigen Reife der Jungpferde Rechnung zu tragen. Das Buch „Professionelle Ausbildung ... am Boden und im Sattel" des bekannten Horseman Alfonso Aguilar befasst sich hier mehr mit den mentalen Aspekten des Lernens. Lernen fällt eben leichter, wenn ausreichend Zeit für die einzelnen Schritte bleibt, aber es ist auch sehr wichtig, dies in kleine Lernschritte aufzuteilen und keinen Schritt dabei (aus Zeitmangel) auslassen zu müssen. Und beim „Wie" kommt es auch sehr darauf an, ob das Pferd muskulär gut entwickelt ist. Denn die Bauchmuskeln sorgen dafür, dass sich der Rücken wölbt. Also nicht die Knochen tragen das Gewicht, sondern die Muskeln. Daher sollte im Mittelpunkt jeder Pferdeausbildung stehen, dem Pferd eine gute körperliche Haltung beizubringen und es gut zu gymnastizieren, denn Verschleißerscheinungen bei Pferden finden sich keineswegs ausschließlich bei Sportpferden, sondern oft genug auch bei Freizeitpferden. Bei meinen Recherchen bin ich immer wieder darauf gestoßen, dass die Gesunderhaltung des Pferdes in hohem Maß davon abhängt, ob es in Dehnungshaltung geritten wird oder nicht. Zitate und wissenschaftliche Untersuchungen hierzu habe ich auf folgender Unterseite meiner Homepage gesammelt (*www.12oaks-ranch.de Unterseite Denkanstöße, i.d. Sidebar: Warum Dehnungshaltung?*).

Oft wird nun angeführt, dass die Jungpferde emotional und mental den Anforderungen des Einreitens nicht gewachsen seien. Im Buch „Evidence-based Horsemanship" von Dr. Stephen Peters und Martin Black wurde u.a. unter Beweis gestellt, dass Pferde von der geistigen Reife in den ersten beiden Lebensjahren Kindern, aber im Alter zwischen zwei und vier Teenagern entsprechen. Bei unserer eigenen Jungstute hat meine Tochter sich übrigens erstmals mehrere Tage nacheinander kurz aufs stehende Pferd gesetzt, als es zweieinhalb war. Richtig angeritten wurde es dann dreijährig. Ich habe mich intensiv mit diesem Thema auseinander gesetzt, habe eine Parelli-Instruktorin und meine Tierärztin befragt, die beide das Pferd als ziemlich „fertig" und gut bemuskelt beurteilten. Übrigens ein Pferd, das nie Kraftfutter erhalten hat und im Offenstall lebt – somit ist es unwahrscheinlich, dass Schäden durch eigenes Übergewicht und Bewegungsmangel am Knochengerüst entstehen – bei einem Kundenpferd (eine Araberstute) habe ich der Besitzerin hingegen aus mehreren Gründen empfohlen zu warten, bis dieses dreieinhalb ist. Beenden möchte ich den Artikel daher mit einem Zitat von Alfonso Aguilar: *„Schätzen Sie Ihr Pferd richtig ein!"*

Video **Einreiten nach Natural Horsemanship** https://youtu.be/7QcKxPynRww

Playlist **Jungpferd May wird eingeritten** https://www.youtube.com/playlist?list=PLR4Cvt5LYbiRrVUPIPhUVAM8KA66436oD

Die Suche nach guten Trainern für Pferd & Mensch

Von der Verantwortung eines Trainers und der ethischen Pflicht sich prüfen zu lassen

Die aktuelle Diskussion über die Sendung „Die Pferdeprofis", wie auch in einem Artikel in der Reiter Revue (2015/03) aufgriffen, hat mich dazu gebracht einmal genauer darüber nachzudenken, was einen guten Trainer eigentlich ausmacht.

Da es sich bei einem Pferd um ein fühlendes Lebewesen handelt, bin ich ganz und gar nicht der Meinung, dass jeder das so machen sollte, wie er denkt. Was in Deutschland fehlt, sind Standards, die allgemein verbindlich sind. Wer Pferde ausbilden oder korrigieren möchte, sollte dafür eine Mindestqualifikation vorweisen können und von Dritten darin geprüft worden sein. Denn für das Fluchttier Pferd ist es mehr als wichtig, dass es eine Ausbildung erfährt, in der jede Aufgabe gut verstanden wird und das Pferd dabei keine Angst haben muss.

> *Artgerecht ist aber nicht mit dem symbolischen Wattebällchen-Werfen gleichzusetzen. Schon gar nicht bei einem Tier, dessen Natur es ist, in einer Rangordnung zu leben – ganz ohne basisdemokratische Teamentscheidungen. Doch ist diese Tatsache kein Freibrief für sinnlose Grobheiten gegenüber dem Pferd.*

Unumstritten dürfte sein, dass für die Ausbildung eines jungen Pferdes oder die Korrektur eines älteren Pferdes viel Feingefühl und Erfahrung erforderlich sind. Doch damit allein darf es nicht getan sein, denn wer würde sein Auto schon einem Automechaniker vertrauen, der sich allein auf sein Feingefühl und seine Erfahrung beruft? In Deutschland darf sich aber jeder Pferdetrainer oder Reitlehrer nennen, egal welche Vorbildung er hat – sogar dann, wenn er überhaupt gar keine Vorbildung hat. Für diese Berufsbezeichnung bedarf es aus Sicht des Gesetzgebers keinerlei Qualifikation oder Prüfung. Es gibt natürlich schon Trainer, die eine Trainer-Lizenz haben, aber es gibt auch viele, die so erfolgreich auf Turnieren sind, dass niemand mehr nach so einer Trainer-Lizenz fragt. Denn wer gegen die Besten der Besten besteht, der kann etwas und das wurde von einer dritten Person geprüft: dem Turnierrichter.

Es gibt aber auch Trainer, die sagen, dass sie ganz bewusst keine Turniere reiten, weil sie das, was sie auf Turnieren sehen, nicht unterstützen wollen. Eine Alternative könnte zwar sein, mit gutem Beispiel voran zu gehen und es besser zu machen; doch ich frage mich ehrlich gesagt, was genau diese Trainer gesehen haben wollen, denn ich sehe auf (Western-) Turnieren eher eine richtig starke Konkurrenz: Nämlich Reiter, die ihre Pferde meist mit unsichtbaren Hilfen lenken und das oft genug sogar bei sehr anspruchsvollen Manövern. Klar sieht man auch gelegentlich (wie ich finde: eher selten) grobe Reiter, aber meine Erfahrung in Deutschland (bei der EWU) ist, dass diese groben Reiter entweder disqualifiziert werden oder zumindest nicht platziert sind. Deswegen muss ich ganz ehrlich sagen: Wenn ein Trainer sagt, dass er bewusst keine Turniere reitet, weil er das, was man da sieht, nicht unterstützen will, bin ich schon ein bisschen misstrauisch – besonders wenn sämtlichen Turnierpferden auch noch stimmungsmachend tote Augen unterstellt werden.

Das Tote-Augen-Argument ist aufgrund seines hohen Gehaltes an Emotionen hervorragend geeignet, um konkurrierende Trainer auszuschalten, besonders die erfolgreichen.

Freizeitreiter haben aber in der Tat andere Bedürfnisse als Turnierreiter und das ist ja auch in Ordnung. Ihnen geht es mehr um die eigene Beziehung zum Pferd. Der Erfolg dabei ist, dass ihr Pferd sich z.B. beim Geländeritt einfach brav und zuverlässig benimmt.

Den anspruchsvollen Freizeitreiter interessiert vielleicht auch noch die Gesunderhaltung bzw. Gymnastizierung des eigenen Vierbeiners, wo er beim Turniertrainer nicht einmal schlecht aufgehoben ist. Doch der große Teil der Freizeitreiter sieht sich im breiten Feld der (Natural) Horsemanship- oder der so genannten Problempferdetrainer um, die sich oft damit rühmen, dass die Pferde ihre besten und oft genug sogar einzigen Lehrer gewesen sind. Was auf den ersten Blick so schön und harmonisch klingt, ist aber auch wieder etwas, wo bei mir sämtliche Alarmglocken leise klingeln, denn Pferde sind keine Versuchskaninchen. Auch der Begriff „Problempferd" impliziert schon, dass das Problem nicht beim Menschen, sondern beim Pferd gesucht wird. Auch wird der falsche Anschein erweckt, die allermeisten Pferde würden sich immer und jederzeit vorbildlich benehmen, was ich in der realen Welt so nicht erlebe – ganz und gar nicht. Die meisten Pferde verhalten sich im Laufe ihres Lebens an irgendeinem Punkt schwierig bzw. zeigen oft einfach nur typische Verhaltensweisen, die aus Pferdesicht noch nicht einmal böse gemeint sind: Buckeln als ein Beispiel ist ja oft genug einfach ein Ausdruck von Lebensfreude. Hier ist es leider allzu schnell passiert, dass der Mensch das Pferd einfach falsch konditioniert. Wenn man unüberlegt ein Training nach dem Buckeln abbricht, hält das Pferd Buckeln sogar für ein erwünschtes Verhalten, das es zu wiederholen gilt. Wo liegt denn da aber wirklich das Problem? Wohl eher an der mangelnden Ausbildung des Pferdehalters und wenn der im Laufe seines Lebens einmal irgendwo Unterricht hatte, im Umkehrschluss möglicherweise sogar an der mangelnden Ausbildung seines Trainers. Beim Hund braucht man ab einer gewissen Größe zumindest einen Sachkundenachweis. Beim Pferd trauen sich im Extremfall auch Menschen die Ausbildung eines Jungpferdes zu, die in ihrem Leben keine 100 Reitstunden hatten – geschweige denn fachkundigen Bodenarbeitsunterricht und das ist ja die wichtigste Grundlage beim Einrei-

ten. Gelegentlich sieht man sogar Trainer, die noch keine 100 Reitstunden in ihrem Leben genossen haben, weil sie ja von Pferden gelernt haben, aber sie unterrichten dennoch andere Reiter – zuweilen sogar solche Reiter, die vielleicht schon einige Tausend Reitstunden genossen haben.
Jedes Pferd hat aber ein Recht darauf, gut geritten zu werden: also z.B. in einer gesundheitsfördernden Haltung und mit einem Reiter, der das Pferd aus eigenem Unvermögen nicht stört.
Somit stellt sich die Frage der Qualität eben auch im Freizeitreiterbereich. Da auch der Freizeitreiter vor der Qual der Wahl steht und sein Geld lieber einem guten statt einem mittelmäßigem Trainer geben möchte, stellt sich auch hier die Frage, woran man einen guten Trainer erkennt und die Disziplin „Freizeitreiten", die eigentlich immer ohne sportlichen Vergleich auskommen wollte, entdeckt plötzlich das für sich, was andernorts schlicht „Turnierreiten" genannt wird. Im Bereich der Freizeitreiter schießen plötzlich Wettbewerbe wie Pilze aus dem Boden, die ich im Breitensport sehr schön, aber im professionellen Bereich manchmal etwas fragwürdig finde. Zum Einen stellt sich mir die Frage, ob es sinnvoll ist, aus dem Thema Pferde ausbilden bzw. -einreiten einen Wettbewerb zu machen, zum Anderen wundert es mich, warum bei diesem Contest rigoros Reining-Trainer ausgeschlossen wurden. Denn die stellen ja nicht nur zahlenmäßig einen großen Anteil der Pferdeausbilder im deutschen Westernreitsport, sondern bilden ihre Pferde immerhin zur allerschwersten Westerndisziplin aus, die nicht umsonst „Königsdisziplin" genannt wird. Ein Pferd zu solch einer sportlichen Höchstleistung zu motivieren, ist eine andere Hausnummer, als einem Pferd schlicht das Buckeln, Beißen oder Treten abzugewöhnen. Das tut ein Reining-Youngster sicher auch schon mal, aber da ruft dann eben niemand laut: „Problempferd". Hier weiß man, dass es normales Pferdeverhalten ist, was nach ein paar

Tagen oder Wochen pferdegerechten Trainings meist von selbst aufhört:

> *Unser menschlicher pubertierender Nachwuchs schlägt ja auch mal über die Stränge und wer sagt da schon direkt: „Problemkind"?*

Zurück zum Contest: Obwohl also eine Mehrzahl der Trainer gar nicht teilnehmen dürfen und das ausgerechnet die sind, die ihre Pferde so butterweich gymnastizieren, dass ihre Pferde regelrechte Sportathleten werden, habe ich im Vorjahr einige Wochen vor dem Contest in einer Social Community gelesen, dass ein Teilnehmer sich damit gerühmt hat, zu den sechs besten Trainern Deutschlands zu gehören, weil er selbst ja teilnahm. Ein Trainer übrigens, der seinerzeit gewisse Probleme mit dem Leichttraben und dem Galoppieren hatte. Darauf angesprochen, betonte er, dass seine Zielgruppe die Freizeitreiter seien und da käme es auf diese Dinge nicht so an!!! Die Selbsteinschätzung Einer-der-besten-Trainer-Deutschlands minderte das nicht und auch nicht die Tatsache, dass es neben denen, die nicht teilnehmen **dürfen** auch welche gegeben haben mag, die gar nicht teilnehmen **wollen**: Möglicherweise weil sie das Konzept nicht überzeugt oder vielleicht weil sie als Trainer so überragend gut und damit ausgebucht sind, dass sie sich aus Zeitgründen gar nicht erst bewerben – wer weiß. Ich will aber keineswegs die Kompetenz der Teilnehmer infrage stellen: Die Arbeit einiger Teilnehmer finde ich ganz hervorragend und manche besitzen sogar einen Trainer-A-Schein – aber gewonnen wird hier nicht zwingend nach der Qualifikation.

Es wird immer betont, es gebe unter den Trainern des Contestes keine Konkurrenz, man wolle nur das eigene Konzept vorstellen. Solange es wirklich ausschließlich darum geht, Konzepte darzustellen, ist dieser Contest keine schlechte Idee, auch wenn es dem laienhaften Zuschauer schwer fallen könnte, gute von schlechter Arbeit zu unterscheiden, aber der Name der Veranstaltung ist schlicht und ergreifend „Contest" und damit handelt es sich um einen Wettbewerb. Es gibt hier unbestreitbar am Ende einen Gewinner und der hat einen immensen Imagegewinn und damit auch finanzielle Vorteile. Wer am Ende diesen Contest gewinnt, gilt in manchen Kreisen in der Tat als bester Trainer Deutschlands. Teilnehmen darf nur, wer seinen Lebensunterhalt mit dem Training von Pferden verdient – also hauptberuflich. Somit spielt der Faktor Geld vielleicht doch eine nicht zu unterschätzende Rolle.

Wie sieht es bei diesem Turnier der Nicht-Turnierreiter aber bei Regelverstößen aus? Würde es hier ähnlich wie im „echten" Turniersport Disqualifikationen geben, falls ein Teilnehmer eine Regel missachten würde? Wie verpflichtend sind eigentlich die Regeln und wie gut werden sie kommuniziert? Bleiben sie während des Zeitraums des Wettbewerbs konstant oder kann es passieren, dass sich das Regelwerk mitten im laufenden Wettbewerb ändert? Das war zumindest 2014 einmal im Gespräch, wurde aber aufgrund des öffentlichen Drucks dann rückgängig gemacht. Ich möchte niemanden auf die Füße treten, sondern einfach einmal rein journalistisch darlegen, wie groß die Verantwortung ist, wenn jemand einen solchen Wettbewerb ausrichtet. Denn auf die Außenwirkung hat der Veranstalter weniger Einfluss als es im ersten Moment erscheinen mag. Die entwickelt nämlich ein regelrechtes Eigenleben. 2014 hatten alle Teilnehmer ihr Training durch Videos dokumentiert: Alle bis auf Einen und ausgerechnet der hat den Contest gewonnen. Etwas, was auf einem „echten" Turnier ein No-Go wäre. Auf so einem Turnier kann man die Regeln im Regelbuch nachlesen und weiß, dass sie verbindlich bis zum Ende der Saison sind. Wenn jemanden ein (Form-)fehler unterläuft, ist er am Ende nicht nur nicht platziert, sondern disqualifiziert und das ist auch gut so.

Dem Freizeitreiter, der keinen Trainer möchte, der auch Turniere reitet (vielleicht aus Angst, dass sein Pferd tote Augen bekommt), bleibt somit nur sein Bauchgefühl. Anfänger stehen da vor einer besonders schwierigen Aufgabe, da sie selbst ja noch keine Kenntnisse und damit auch keine Kriterien haben, um gute von schlechter Arbeit unterscheiden zu können. Wie also die Spreu vom Weizen trennen? Meine (subjektiven) Kriterien sind folgende:

1. **Ein guter Trainer lässt sich prüfen:** Das kann ein Trainerschein, ein Turnier sowie als absolutes Minimum ein höheres Reitabzeichen oder auch (wenn es um Bodenarbeit geht) eine Prüfung im Natural Horsemanship-Bereich sein, die bei Parelli Natural Horsemanship z.B. als Audition angeboten werden (wobei man hier als Lehrer möglichst einen lizensierten Parelli-Instruktor nehmen sollte). Da es ja nicht nur Trainer für Reitschüler gibt, sondern auch Trainer, die neue Trainer ausbilden, stellt sich hier die Frage: Welche besondere Qualifikation liegt vor, die nicht nur berechtigt, Reitanfänger auszubilden, sondern sogar Reiter auf gleichem Niveau? Hier wäre meine Minimalqualifikation der Trainer A, weil der auch qualifiziert darin ist, Menschen zu unterrichten.

2. **Für mich ist es auch wichtig, ob der Trainer sagt, bei wem er das gelernt hat, was er vermittelt.** Mein ganz persönlicher Favorit in Sachen Bodenarbeit ist Pat Parelli, der die einzigartige Leistung erbracht hat, Horsemanshipwissen zu sammeln, in ein erlernbares System zu bringen und weiterzuentwickeln. Dabei zieht er (vom Psychologen bis zum Reitmeister) immer Experten zum jeweiligen Fachwissen zu Rate. Er hat auch nachweislich den **Begriff** „Natural Horse*man*ship" geprägt: Das war nämlich der Titel seines ersten Buches. Bei Parelli vergeht kaum eine Veranstaltung, bei der er nicht ein halbes Dutzend seiner Lehrmeister namentlich nennt. Für die, die es schon einmal gehört haben, vielleicht etwas langweilig – gegenüber seinen

Lehrmeistern aber einfach nur fair – selbst dann, wenn diese längst verstorben sind.

3. **Wenn es deutliche Parallelen zwischen zwei Systemen gibt, ist das wirklich immer Zufall?** Da ich persönlich zumindest in der Theorie eine Menge Systeme kenne und viele Bücher gelesen habe, denkt ein Schelm bekanntlich Böses und mutmaßt, dass der eine Horseman beim anderen Horseman hemmungslos abgespickt hat. Abspicken ist ja auch nicht verboten, wenn man denn die Quelle nennt und die beschriebenen Techniken nicht nur gut (ab)schreibt, sondern auch fachgerecht anwendet – das kann man nicht von Videos lernen, sondern nur auf sehr, sehr regelmäßigen Fortbildungen. Wenn somit jemand sagt, er habe sein eigenes System entwickelt und ich erkenne als unermüdliche Leseratte eine deutliche Mischung aus Parelli und Monty Roberts; dann kann ich mir nicht helfen: Ich persönlich werde hellhörig (und sinniere zudem auch noch innerlich darüber, ob derart widersprüchliche Systeme kombiniert werden sollten). Wenn ich Trainingstipps in Western-Internet-Foren lese, dann habe ich ebenfalls Déjà-Vus. Denn manche Tipps, die ich dort finde, stehen in fast identischer Formulierung in Pat Parellis Buch „Natural Horse*Man*Ship". Das ist aber bestimmt Zufall, weil dieselben Trainer ja immer wieder beteuern, dass sie alles machen, bloß nicht Parelli. Ich bin ja gelernte Redakteurin und weiß: Bei einem Politiker bedeutet ein Plagiat ja das Ende der beruflichen Karriere – beim Pferdetraining gibt es (wie man hört und staunt) keinen, der das Rad neu erfunden hat und weil Pferde einfach Pferde sind, gibt es hier dieses Phänomen, dass zwei Trainer einfach zufällig dieselben Erkenntnisse hatten.

4. **Ein richtig guter Trainer kann eingestehen, dass er etwas nicht kann und hat daher den Mut, an einen Kollegen zu verweisen, wenn er selbst nicht weiterkommt** – spätestens dann, wenn er merkt, dass er zu einem bestimmten Pferd keinen Draht findet. Da ja bei einer Empfehlung auch der eigene Ruf auf dem Spiel steht, empfiehlt man vielleicht sicherheitshalber einen, der irgendeine Prüfung irgendwo bestanden hat: Also nicht den Schrauber von nebenan, sondern die Meisterwerkstatt.
5. **Ein wirklich guter Trainer behandelt übrigens weniger Problempferde (Probleme werden i.d.R. unspektakulär und schnell gelöst), sondern bildet in erster Linie Menschen aus.** Er merkt daher nicht nur, wenn es zwischen ihm und dem Pferd nicht passt, sondern spricht es auch an, wenn die Chemie zwischen den Menschen nicht stimmt. Denn es passt nicht jeder Trainer zu jedem Pferd bzw. Menschen.
6. **Auch als Trainer sollte man ein Leben lang ein Lernender bleiben und regelmäßig selbst Unterricht nehmen:** Denn, wenn es mit dem Schwimmen nicht klappt, dann liegt es selten an der Badehose.

Deswegen schließe ich diesen Artikel mit einem meiner Lieblingszitate von **Pat Parelli:**

„Ein Reiter muss so gut werden, dass selbst das Pferd denkt, dass er gut ist."

Falls jemand ein Problem damit hat, dass ich mich zu dieser Thematik kritisch äußere, dem sei folgendes Zitat ans Herz gelegt:

„Und vergesst die Pferde nicht!" (Hans-Heinrich Isenbart).

Presseberichte über meine Tochter

Zwerg unter Riesen: 16jährige Schülerin aus Lindlar fährt mit 400-Euro-Pony zur German Open

16. Juli 2015 bei Oberberg-aktuell & Hufgefluester.eu
Junge Menschen, Lindlar, Oberberg, Sport, Topthemen

Lindlar– 2015 scheint für Larissa Steiner aus Lindlar ein gutes Jahr zu werden: Erst wird die 16jährige von weit über 1.000 Bewerbern von der Horsemanship-Legende Pat Parelli nach Florida eingeladen und drei Monate später qualifiziert sie sich in den Disziplinen Reining und Superhorse für die Deutsche Meisterschaft im Westernreiten – in Fachkreisen German Open genannt. Das Besondere daran ist, dass sie sich die Qualifikation dafür mit einem Mischlingspony erritten hat, das ihre Mutter Nicola Steiner ihr vor 10 Jahren für gerade einmal 400 Euro gekauft hat und das die beiden gemeinsam ausgebildet haben. Besonders ist das deswegen, weil die meisten der Mitbewerber mit Pferden antreten, die mindestens den Wert eines Kleinwagens haben und spezifisch für das Westernreiten in Bezug auf Nervenstärke und Athletik gezüchtet wurden.

Die gebürtige Hückeswagenerin Nicola Steiner erinnert sich: „Nervenstark war das Pony ganz und gar nicht, als wir es bekommen haben – im Gegenteil. Es war sehr schwierig, biss, trat, ließ sich kaum führen, geschweige denn Verladen. Doch eine gewisse Begeisterung für Reining-Manöver zeigte es schon lange, bevor es geritten wurde." Die Westerndisziplin Reining wird überwiegend im Galopp geritten. Außerdem werden verschiedene spektakuläre Manöver wie Spins und Stops gezeigt, wo die Pferde sich rasend schnell auf der Stelle drehen bzw. beim Anhalten aus dem Galopp meterweise auf der Hinterhand rutschen. „Es ist wahnsinnig viel Arbeit den Pferden das alles beizubringen, selbst dann, wenn sie Talent haben und ich muss noch viel lernen", bleibt Larissa Steiner bescheiden, die mit ihrem Pony seit einem Jahr Unterricht beim Reining-Trainer Elias Ernst aus Windeck nimmt. Im Moment sind es gerade die fliegenden Galoppwechsel, die nicht so klappen wollen, wie Larissa es sich wünscht. Dennoch hat sie neben der kompletten Qualifikation in der Reining zumindest schon die erste Hälfte der Qualifikation in der Disziplin „Westernriding" erreicht, in der es ausschließlich um fliegende Galoppwechsel geht. Sie muss hier noch ein zweites Mal unter den ersten sechs sein und den erforderlichen Mindestscore von 65 erreichen. Besonders stolz ist Larissa auf die vollständige Qualifikation in der so genannten Superhorse, die eine Mischung aus den Einzeldisziplinen Reining, Westernriding, Trail und Pleasure ist. Hier ist Larissa in beiden Qualifikationsdurchgängen sogar gegen Erwachsene gestartet, weil die Klassen zusammengelegt waren: Auf dem letzten Turnier wurde sie Vierte – Erster und Zweite waren Reiter, die bereits Meistertitel in diversen Disziplinen erritten haben und Inhaber des Westernreitabzeichens in Gold sind: Die in Westernkreisen angesehenenen Trainer George Maschalani und Linda Leckebusch-Stark. In der Siegerehrung sieht Larissas Pony „Golden Lucky Boy" zwischen den Quarter Horses und Appaloosa-Pferden immer richtig winzig aus, denn der hübsche Fuchs ist gerade einmal 1 Meter 34 groß. Den Schlüssel zum Erfolg sieht Larissa in der Motivation des Pferdes: „Ein Pferd, das nicht will, wird niemals Bestleistungen zeigen. Es muss dieselbe Mühe und Begeisterung ins Projekt >Turnier< stecken, wie der Reiter", spricht Larissa aus Erfahrung. Wie man Pferde motiviert, hat Larissa bei Horsemanship-Legende Pat Parelli persönlich gelernt. Wie oben erwähnt, wurde sie im März aus weit über 1.000 Bewerbern für einen von vier kostenlosen Plätzen bei einem seiner Kurse in Florida ausgewählt, weil ihre Bewerbung interessant geklungen habe, so die Jury. Die war nicht nur von Larissas Turniererfolgen beeindruckt, sondern auch von Larissas bescheidenen Worten: „Ich weiß genau, dass ich mein Pony liebe, aber ich bin nicht immer sicher, ob mein Pony mich auch liebt." Offensichtlich tut es das, denn der Zwerg unter den Riesen legt sich auf jedem Turnier mächtig ins Zeug für seine 16jährige Reiterin, die auf der Gesamtschule Marienheide soeben die Mittlere Reife erlangt hat – mit einem Notendurchschnitt von 1,4. Denn die Schule hat die 16jährige nie vernachlässigt: Ihr nächstes Ziel ist das Abitur.

BERICHT NR. 2:   Vize-Landesmeisterin mit „Nur-einem-Pony"

Lindlar / Dorsten Eine Silbermedaille und eine Bronzemedaille konnte eine 17jährige Schülerin aus Lindlar-Scheel von der Landesmeisterschaft der Westernreiter in Dorsten mit nach Hause nehmen. In der Disziplin Reining wurde Larissa Steiner Vize-Rheinlandmeisterin der Jugendlichen. Ebenfalls auf das Siegertreppchen brachte sie ihr Ritt in der Disziplin Superhorse. Außergewöhnlich ist, dass sie diese Erfolge mit einem Mix-Pony erringt und das ausschließlich gegen Pferde, die für athletische Manöver im Westernsport gezüchtet wurden....

Diese Reining-Manöver sind z.B. Sliding Stops, wo das Pferd mit den Hinterbeinen anhält und mit den Vorderbeinen weiterläuft oder der rasante Spin, wo das Pferd mit Vorderbeinen um seine eigenen Hinterbeine herum trabt. In der Disziplin Superhorse kommen außer den Reining-Elementen auch noch Trailhindernisse wie das Tor oder das Überreiten von Stangen hinzu. Über Larissa Steiner wurde schon im Vorjahr in der Presse berichtet, weil es ihr im Vorjahr gelungen war, sich mit ihrem kleinen Mischlingspony von nur 1,36 Zentimeter Stockmaß für die Deutsche Meisterschaft im Westernreiten zu qualifizieren, die vom 10. bis 17. September im bayrischen Rieden stattfindet. Die Qualifikation im Vorjahr war kein Zufallstreffer, den auch in diesem Jahr hat sie sich wieder qualifiziert. Besonders stolz macht sie, dass ihr dies in einem Landesverband gelungen ist, der als der stärkste Verband in ganz Deutschland gilt. Ihr Ziel für 2017: Dieses Mal das Finale erreichen[7].

---

7 **Mehr Presseberichte** finden Sie hier: https://nicolasteiner12oaksranch.wordpress.com/presseberichte/

MEHR BÜCHER VON NICOLA STEINER:
Die 12-Oaks-Bücher: Fachartikel für Pferdeportale als Sammelband

1. BAND: Inspirationen aus dem Parelli-Land

„Natural Horsemanship: Was ist das eigentlich?" - „Welche Pferdepersönlichkeitstypen gibt es und wie werden sie motiviert?" Im Parelli-Band berichtet die Autorin von ihrem Besuch bei Pat Parelli in Florida. Ihre Tochter wurde aus weit über 1.000 Bewerbern für einen von fünf kostenlosen Plätze bei einem Gewinnspiel ausgewählt (siehe Vorwort auf S. 6) Was die beiden in Florida erlebt haben, lesen Sie ebenfalls in diesem Sammelband.

Nicht nur der Kurs war spannend, schon die Anreise hatte es in sich, denn mitten in der Nacht standen Mutter und Tochter vor diesem Schild und trauten sich nicht zu ihrer Unterkunft: *„Kein Zutritt: Wer es trotzdem tut, wird erschossen. Überlebende werden erneut erschossen"* Daneben ein *Beware of the dog*-Schild, der es in der Tat auf die Autorin abgesehen hatte. *Im Sammelband wechseln sich Sachinformationen mit Anekdoten ab.*

Geplant sind weitere 12-Oaks-Bücher, die sich z.B. aus den Themenmonaten aus dem Jahr 2016 entwickeln sollen. In den nachfolgenden Bänden sollen nämlich eigene Artikel erscheinen, die erst noch geschrieben werden müssen und den Inhalt der jeweiligen Themenmonate ergänzen und vertiefen sollen.

Westernreiten meets Natural Horsemanship -
wie das Turnier zum gemeinsamen Projekt von Pferd & Mensch wird
mit Trainingstipps von Elias Ernst und Thomas Günther

Wir alle wissen meist ziemlich gut, wie wir unsere Pferde körperlich trainieren. Wir vergessen nur allzu schnell, dass unsere Pferde denkende Wesen sind, die in der Lage sind, selbstständig gestellte Aufgaben zu erledigen. Deswegen sollte unser Augenmerk auch auf den emotionalen und mentalen Belangen unserer Pferde liegen. Die Autorin zeigt Wege auf, wie das Turnier zum gemeinsamen Projekt von Pferd und Mensch wird, in dem das Pferd genauso viel Ehrgeiz und Energie ins gemeinsame Ziel „Turniererfolg" investiert wie der Mensch.

Das Buch gibt Anleitungen, wie Sie die Athletik Ihres Pferdes verbessern, während das Pferd das Training als Spiel empfindet. Viele Manöver können wir bereits dem jungen Pferd am Boden erklären und das Gelernte dann später in den Sattel übertragen. Aber auch fürs erwachsene Pferd lohnt sich der Blick über den Tellerrand, denn selbst wenn das Pferd schon vieles kann, so kann der Mensch auf jeden Fall seine Begeisterung durch Natural Horsemanship steigern und dem Pferd auch das Gefühl vermitteln, dass es etwas zurück erhält.

Die vorgestellten Strategien werden durch Fotoserien illustriert; in den **Fußnoten** finden Sie **Links zu kostenlosen Lehrvideos** der Autorin auf Youtube.

Pferde vermenschlichen, aber richtig
– wie Sie sich besser in Ihr Pferd einfühlen

Wir alle lieben unsere Pferde und wollen das Beste für sie, aber manchmal merken wir gar nicht, wie sehr wir uns wie Nervensägen oder Dauernörgler dem Pferd gegenüber präsentieren. Genauso schnell ist es passiert, dass wir - den Pferderücken gerade erst erklommen - unsere Pferde nicht reiten, sondern so bedienen als wären sie Motorräder: Gas geben, Bremsen, Lenken. Pferde sind jedoch intelligente Lebewesen, die wenn man ihre Begeisterung weckt, alleine Jobs erledigen. Dieses unterhaltsame Buch gibt Anleitungen, wie Sie in

die Haut Ihres Pferdes schlüpfen können, um dann festzustellen: Sie fühlen genauso wie wir. Den erhobenen Zeigefinger werden Sie jedoch weniger finden, denn das Buch versucht vielmehr kleine Geschichten zu erzählen, die Ihr Verhältnis zu Ihrem Pferd nachhaltig verändern werden.

Die Lüge vom Sozialstaat - eine Satire
Warum es in Deutschland immer noch die Todesstrafe gibt

Die Journalistin Nicola Steiner rutscht nach der Trennung von ihrem Mann in Hartz-IV, weil sie weder vom Kindesvater noch vom Jugendamt Unterhalt für ihre beiden Kinder erhält. Da sie keinen Job findet, versucht sie sich mit einer selbstständigen Tätigkeit an den eigenen Haaren aus dem Sumpf zu ziehen. Aber sie erkrankt erst schwer und als sie gerade erst gesundet ist, gerät sie durch einen Verkehrsunfall erneut in Arbeitsunfähigkeit. Genau zu diesem Zeitpunkt stellt das Jobcenter unter einem Vorwand sämtliche Leistungen ein und ein erbitterter Kampf ums Überleben beginnt. Es ging schief, was schief gehen konnte und endete mit einem Quasi-Todesurteil. Mit viel Wortwitz und Humor hat die Autorin nun eine Satire geschrieben, die zwar auf Tatsachen beruht, sich aber liest wie ein Krimi.

Nicola Steiner wurde 1965 in Hückeswagen geboren und lebt mit ihren beiden erwachsenen Kindern im Bergischen Land bei Köln. Sie arbeitet als Natural Horsemanship-Trainerin und hilft ihren Kunden dabei, das eigene Pferd besser zu verstehen und eine Beziehung zu ihm aufzubauen. Außerdem reitet sie Turniere im Westernreiten und versucht eine Brücke zwischen dem Turniersport und dem Natural Horsemanship zu schlagen. Trotz langjähriger freier Mitarbeit im Hörfunk ist das Schreiben und das Geschichten erzählen ihre Leidenschaft. Daher wundert es nicht, dass sie in ihrer Freizeit gleich zwei erfolgreiche Blogs ins Leben gerufen hat. Im Turnierblog erzählt sie während der Turniersaison Turnierkrimis über ihre Tochter Larissa. Die 18jährige war zwei Jahre in Folge Beste ihrer Leistungsklasse (LK 1) im Rheinland, mehrfach Disziplinensiegerin in der Reining, im Trail, der Westernriding und der Superhorse sowie sieben Mal Allroundchampion. Die Presse hat mehrfach darüber berichtet, dass sie mit „Nur-einem-Pony" für die deutsche Meisterschaft qualifiziert war. Nicola Steiners Horsemanship-Blog bietet hingegen Themenmonate zu allem, was Pferde angeht oder auch was Menschen dabei hilft, nicht nur natürlicher mit Pferden umzugehen, sondern auch natürlicher zu leben.

WWW.12OAKS-RANCH.DE

- **12oaks-ranch.blogspot.de** und den Turnierblog
- **steiner-horsemanship.blogspot.de**
- **12oaksTV: Turnierkanal, Zirkus- & Vlog-Kanal & der Hauptkanal: Nicola Steiner Horsemanship**

Anhang: VERZEICHNIS DER QUELLEN

1. zum Artikel „Wohin gehört der Pferdekopf?"

QUELLE 1: Eine Untersuchung zum Einfluss der Kopf-Hals-Haltungen auf Gelenkwirbel der Hintergliedmaße von Anna Kattelans: „Im Gegensatz zu dieser Reitweise fördere der vorwärts gedehnte Hals, der durch ein Wechselspiel von Anspannung und Entspannung den Rücken zum Schwingen bringt, einen taktsicheren Bewegungsablauf und führe zu physischer und psychischer Entspannung (DENOIX u. PAILLOUX 2000)".

S. 6 bzw. S. 18 S. 19 – verschiedene Positionen Und S. 20 S. 21: „RHODIN et al. (2005) lieferten somit zunächst Hinweise dafür, dass die tiefe Kopf-Hals-Position die Bewegungsamplitude des Rückens evtl. steigert. Allgemein zeigten Pferde mit einer größeren Schrittlänge auf dem Laufband eine vermehrte Bewegungsamplitude der Wirbelsäule im Schritt sowie im Trab (FABER et al. 2002, ROHDIN et al. 2005)." S. 23: „Eine Verkürzung der Schrittlänge wurde in HNP 2, 3, 4 und 5 und somit sowohl in der aufgerichteten als auch in der abgesenkten Kopf-Hals-Position, nicht dagegen in der freien (HNP 1) und bei vorwärts-/abwärts- Dehnung (HNP 6) beobachtet (GÓMEZ ÁLVAREZ et al. 2006)." S. 123 (111): „Die Ergebnisse von KIENAPFEL und PREUSCHOFT (2011) erscheinen kontrovers sowohl in der vorliegenden Studie als auch zu den Untersuchungen von VAN WEEREN (2008), die einen kausalen Diskussion 112 Zusammenhang zwischen Hyperflexion und Aufwölbung des Rückens festgestellt haben. Vor diesem Hintergrund sollte bis zu einer fortschreitenden Verifizierung zunächst der These von DENOIX und MEYER bezüglich des Zusammenhangs von Nackenbandspannung und Aufwölbung des Rückens in der Hyperflexion gefolgt werden." S. 129 : „Im Gegensatz zu den hier untersuchten Kopf-Hals-Haltungen besteht seit dem 20. Jahrhundert (RHODIN et al. 2009) Übereinstimmung darüber, dass die absolute Aufrichtung sowohl dem harmonischen Bewegungsablauf entgegensteht als auch der

Pferdegesundheit schadet." (http://elib.tiho-hannover.de/dissertations/kattelansa_ss12.pdf)

QUELLE 2: Phillippe Karl (Irrwege der modernen Dressur S. 47): Deshalb ist die Reihenfolge der einzelnen Punkte so wichtig. Zuerst das Nachgeben im Unterkiefer fordern, dann die vollständige seitliche Biegung ohne Genickbeugung, als dritten Schritt das Beugen des Genicks ohne Absenken des Kopfes und schließlich die Dehnungshaltung nach vorwärts-abwärts.

QUELLE 3 http://www.pferdewissen.ch/biomechanik1.php

QUELLE 4: Buch von Helle Katrine Kleven, Biomechanik und Physiotherapie für Pferde, FN-Verlag, 3. Auflage, 2011

QUELLE 5: Interview mit Klaus Balkenhol „Ein Pferd für kurze Zeit auch mal rundzustellen, also den Hals herunterzunehmen, um den Rücken zu heben, das kann als gymnastische Übung sinnvoll sein und ist nicht weiter schlimm. Darum beweisen die jetzt herumgereichten Fotos extrem tiefgestellter Pferde relativ wenig – das können ja Momentaufnahmen sein. Wenn ein Pferd aber, mit Hilfszügeln und scharfen Gebissen, sehr eng geritten und der Kopf über eine längere Phase gewaltsam tief, eng und teilweise zusätzlich seitwärts gezogen wird, dann entspricht das nicht der artgerechten Ausbildung des Pferdes. Es tut dem Tier garantiert weh." Xenophon-Gründer Klaus Balkenhol: Der Spiegel,(http://www.spiegel.de/spiegel/print/d-42658553.html)

QUELLE 6: In einer Sitzung der FEI am 9. Februar 2010 mit Befürwortern und Gegnern der Rollkur wurde der Begriff LDR eingeführt, der auf den niederländischen Nationaltrainer Sjef Janssen zurückgeht. Damit soll zwischen einer kurzzeitigen Hyperflexion ohne Kraftaufwand oder Aggression des Reiters (Low, deep and round – LDR)[12] und Halspositionen, die durch „aggressive Kraft" entstehen (Rollkur), unterschieden werden. Befürworter der Rollkur verstehen unter kurzzeitiger Flexion 20-30 min, Gegner der Rollkur verstehen darunter 20-30 Sekunden. Forschungen der Universität Guelph und der Universität Uppsala sprechen sich gegen die Rollkur aus.[22] In einer Studie von dänischen und niederländischen Forschern, wurde 2012 gezeigt, dass bereits nach 10 Minuten Rollkur die Pferde unter vermehrtem Stress stehen. Im Rahmen dieser Sitzung wurde auch die neue Unterscheidung zwischen der Hyperflexion (bzw. Rollkur) und „Low, Deep and Round" (LDR) geprägt. Im Gegensatz zur Hyperflexion erfolge LDR ohne Aggressivität und sei somit akzeptabel. Es wurde eine Arbeitsgruppe unter der Leitung von Frank Kempermann, dem Vorsitzenden des Dressurkomitees, eingerichtet, um Hyperflexion und LDR genau voneinander abzugrenzen und Verfahrensrichtlinien für Turnierstewards bei Verdacht auf Rollkur zu entwickeln. (https://de.m.wikipedia.org/wiki/Rollkur_%28Pferdesport%29)

QUELLE 7: Wie es auch McGreevy (2004) schon beschrieben hat, kann angenommen werden, dass die Pferde in der Hyperflexionsposition dadurch verunsichert werden, dass einerseits eine treibende Schenkelhilfe kommt und andererseits gleichzeitig eine parierende Zügelhilfe dagegen wirkt (von Borstel et al., 2009). In der aktuell vorliegenden Studie wurden ähnliche Parameter beobachtet und beurteilt und auch hier ist man zu dem Ergebnis gekommen, dass die Verhaltensauffälligkeiten, die für Stress und Unwohlsein sprechen, während der Hyperflexion signifikant häufiger aufgetreten sind als in normaler Anlehnung. - http://www.diss.fu-berlin.de/diss/servlets/MCR-FileNodeServlet/FUDISS_derivate_000000016072/Hellauer_online.pdf;jsessionid=6EC75E8D4AF6DE5D447FD8DCABBCD781?hosts

QUELLE 8 Artikel von Barnboox: http://www.barnboox.de/pferdewissen/ausbildung/gymnastizierung/anlehnung-beim-englischreiten-und-westernreiten-die-unterschiede/

2. zum Artikel „Wann einreiten?"

Quelle 1: Magnetresonanztomographische Studie zur altersabhängigen Abbildung der Wachstumsknorpel (Uni Leipzig) von Julien Paul Troillethttp://www.qucosa.de/fileadmin/data/qucosa/documents/6921/VollversionDissJPTd%29.pdf

Quelle 2: Einfluss von Aufzucht und Haltung auf das Auftreten von Osteochondrose beim Reitpferd (tierärztliche Hochschule Hannover und Uni Göttingen) Annette Wilke:
http://elib.tiho-hannover.de/dissertations/wilkea_ws03.pdf

Quelle 3: Haltung von Sportpferden unter Berücksichtigung der Leistung (Tierärztliche Hochschule Hannover) Stephanie Arnemann
http://elib.tiho-hannover.de/dissertations/arnemanns_ws03.pdf

Quelle 4: Monitoring zum Wachstum von Gliedmaßenveränderungen bei Junghengsten in Schleswig-Holstein
http://www.tierzucht.uni-kiel.de/dissertationen/diss_walker_07.pdf
Stefanie Walker

Buch: Evidence-based Horsemanship von Dr. Stephen Peters und Martin Black (Wasteland Press, USA)

- **Grafik** ist hier zu finden:
https://thelifeoffuni.wordpress.com/2014/09/14/warum-es-wichtig-ist-dem-pferd-vor-ausbildungsbeginn-zeit-zu-geben-wachstumsfugen/

Beleg dafür, dass Knochenbrüche bei Galopprennpferden für Entrüstung sorgten
http://www.equinestudies.org/ranger_2008/ranger_piece_2008_pdfi.pdf